Lena Wengerter

Erfolgreiches Dialogmarketing durch crossmediale Vernetzung

Status Quo und Wirkungsmessung in der Praxis

igel
Verlag
RWS

Wengerter, Lena: Erfolgreiches Dialogmarketing durch crossmediale Vernetzung: Status Quo und Wirkungsmessung in der Praxis, Hamburg, Igel Verlag RWS 2015

Buch-ISBN: 978-3-95485-307-6
PDF-eBook-ISBN: 978-3-95485-807-1
Druck/Herstellung: Igel Verlag RWS, Hamburg, 2015

Bibliografische Information der Deutschen Nationalbibliothek:
Die Deutsche Nationalbibliothek verzeichnet diese Publikation in der Deutschen Nationalbibliografie; detaillierte bibliografische Daten sind im Internet über http://dnb.d-nb.de abrufbar.

© Igel Verlag RWS, Imprint der Diplomica Verlag GmbH
Hermannstal 119k, 22119 Hamburg
http://www.diplomica.de, Hamburg 2015
Printed in Germany

Inhaltsverzeichnis

Abbildungsverzeichnis

Tabellenverzeichnis

Abkürzungsverzeichnis

ARD	Arbeitsgemeinschaft der öffentlich-rechtlichen Rundfunkanstalten der Bundesrepublik Deutschland
AWA	Allensbacher Werbeanalyse
AG.MA	Arbeitsgemeinschaft Media-Analyse e.V.
BRD	Bundesrepublik Deutschland
CD	Corporate Design
CPC	Cost Per Click
CPL	Cost Per Lead
CPO	Cost Per Order
CRM	Customer Relationship Management
DDV	Deutscher Dialogmarketing Verband e.V.
DMVÖ	Dialog Marketing Verband Österreich
ELM	Elaboration Likelihood Model
IMUK	Institut für Medien und Konsumentenforschung
MNT	Mediennutzertypologie
NPS	Net Promoter Score
ONT	Online Nutzer Typologie
OTS	Opportunity to See
ROI	Return on Investment
SDV	Schweizer Direktmarketing Verband
TdW	Typologie der Wünsche
TKP	Tausender Kontakt Preis
UGC	User Generated Content
URL	Uniform Resource Locator
VA	Verbraucher Analyse
VALS	Value and Lifestyle
ZAK	Kommission für Zulassung und Aufsicht der Landesmedienanstalten
ZDF	Zweites Deutsches Fernsehen
ZEM	Zentrum für Evaluation & Methoden Bonn

1. Einleitung

Lange Jahre, weit bis in die 90er Jahre hinein, dominierte das Verständnis von Marketing als Transaktionsmarketing. Die primäre Aufgabe der Marketingkommunikation bestand darin, Informationen und Werbebotschaften an ein breites Publikum zu kommunizieren. Durch die fortschreitende Fragmentierung der Medien und der Gesellschaft, die rasante Verbreitung neuer Medienkanäle und der gleichzeitig zunehmenden Informationsüberlastung zeichnet sich jedoch ein grundlegender Paradigmenwechsel ab.[1]

Marketing und Marketingkommunikation befinden sich im Wandel. Die Mediennutzungs-gewohnheiten verschieben sich von Lean-back zu Lean-forward, nicht zuletzt durch den Vormarsch des Web 2.0.[2] Dies begründet sich vornehmlich durch die zunehmende Informationstransparenz der an Bedeutung gewinnenden digitalen Medien und mündet in der Emanzipation der Kunden, dem Customer Empowerment. Reaktanzen gegenüber klassischer Werbung nehmen dagegen zu.[3] Deutlich lässt sich ein schwindendes Interesse an Mediawerbung feststellen. Werbebotschaften erfolgreich an eine bestimmte Zielgruppe zu kommunizieren gestaltet sich in Anbetracht dessen als zunehmend schwieriger.[4] Als Reaktion auf diesen Wandel konzentrieren sich Marketers vermehrt auf den Kunden und die intensive Kundenbeziehung. Das Customer-Relationship-Marketing und damit verbunden der Dialog mit dem Kunden gewinnt an Bedeutung.[5]

Dialogmarketing setzt stark auf den persönlichen Faktor und den intensiven Dialog, denn: „Nichts interessiert eine Person mehr als Empfehlungen von einem vertrauten Freund".[6] Seit das Web 2.0 stetig an Bedeutung gewinnt, sind die Voraussetzungen für ein funktionierendes Dialogmarketing gegeben.[7] Kotler (2011) geht einen Schritt weiter und spricht in diesem Zusammenhang neuer-

---

[1] Vgl. Hirschmann, Wolf (2011), S.14f.
[2] Vgl. Dankl, Christian (2011): Lean-back bedeutet, dass Menschen Medien passiv nutzen während Lean-forward die interaktive und proaktive Mediennutzung meint.
[3] Vgl. Gleich, Uli (2003), S.510
[4] Ebenda
[5] Vgl. Bruhn, Manfred (2009), S.8f.
[6] Mark Zuckerberg, Facebook-Gründer auf dem Management Forum in Davos 2007, u.a. in: Cornelsen, Jens et al. (2008)
[7] Vgl. Schneller, Johannes (2010)

dings schon von Marketing 3.0 als neuesten Trend, nämlich der Verknüpfung von kooperativem, kulturellem und spirituellen Marketing und dem Verständnis des Kunden als ganzen Menschen mit Kopf, Herz und Seele – dem Human Spirit.[8]

Im Zuge der Digitalisierung der Medien gewinnt das Dialogmarketing daher stetig an Wichtigkeit. Außerdem gilt es, den Konsumenten bzw. die Zielgruppe an relevanten Kontaktpunkten zu erreichen. Mithilfe crossmedialer Kampagnen sollen Kunden an möglichst vielen Touchpoints abgeholt werden und somit eine synergetische Verstärkung der Werbewirkung erreicht werden.[9]

1.1 Problemstellung, Relevanz des Themas und Zielsetzung

Die Thematik Crossmedia ist zwar nicht neu, aber im Zuge der weiter zunehmenden Informationsüberlastung nach wie vor aktuell. Vor allem aus der Sicht der Marketers gilt es, relevante Zielgruppen mit einem Höchstmaß an Effizienz anzusprechen. Unternehmen fordern zudem immer wieder konkrete Wirkungsnachweise und die optimale Allokation der Marketing Budgets.[10] Im gleichen Atemzug wird klassische Werbung, wenn eindimensional geschaltet, zunehmend ineffizienter.[11]

Die Medien erfahren eine steigende Interaktivität durch Rückkanäle. Schlagworte wie Social Communities, Internet TV, interaktives Fernsehen, WAP Portale, eMagazines etc. sind nur einige Beispiele für Kommunikationskanäle, die mit Hilfe der Digitalisierung eine Dialogfunktion übernehmen. „Die Digitalisierung macht aus den Medien Dialogmedien".[12]

Die Medienwechselbereitschaft nimmt indessen stetig zu. Immer mehr Menschen nutzen Medien mittlerweile parallel.[13] Ein erhöhter Wiedererkennungseffekt durch crossmediale Ansprache kann somit durch die parallele Nutzung differenzierter Touchpoints zu einer Steigerung der Werbeeffizienz führen.[14] Vor einigen Jahren konnte man von einem regel-

---

[8] Vgl. Kotler, Philip et al. (2011), S.22f.
[9] Vgl. Gleich, Uli (2003), S.510
[10] Vgl. Thommes, Joachim, in: HORIZONT 16/2011, S.25
[11] Vgl. Gleich, Uli (2003), S.510
[12] Wiedmann, Rainer (2006), S.157f.
[13] Vgl. Best, Stephanie, Breunig, Christian (2011), S.16f.
[14] Vgl. Gleich, Uli (2003), S.510

rechten „Hype" rund um das Thema Crossmedia sprechen.[15] Der Begriff „Crossmedia hat sich [allerdings] mittlerweile [in der Praxis] etabliert".[16] Dass es dennoch konkreten Handlungsbedarf bei der Umsetzung gibt, zeigen zum einen die Aussagen von Praktikern wie: „Alle sind der Meinung, sie machen Crossmedia, aber in Wirklichkeit ist dem nicht so."[17] Oftmals nutzen Menschen zwar den Begriff Crossmedia, meinen aber nur den Media-Mix, „da die wenigsten Kampagnen so ausgesteuert sind, das das eine das andere nährt".[18] Zum anderen wurde im Frühjahr 2011 das Positionspapier „Hamburger Crossmedia Initiative", von Harald Kratel, Geschäftsführer der Werbeagentur Madaus, Licht + Vernier initiiert und von zahlreichen Kreativagenturen wie z.B. Jung von Matt und Kemper Trautmann verabschiedet.[19] Inhalt dieses Thesenpapiers ist, dass gerade größere Unternehmen sehr oft crossmedial denken, aber die konkrete Umsetzung oftmals scheitert. Dabei plädiert das Positionspapier für das breite Vorantreiben und Umsetzen von crossmedialer Vernetzung.

Die Fragestellung des crossmedialen Kampagnenmanagement wurde bereits in zahlreichen Handbüchern von Praktikern und publizierten Diplom- bzw. Doktorarbeiten abgehandelt.[20] In Abgrenzung dazu soll dieses Buch einen Überblick über den Status Quo des crossmedialen Dialogmarketings in der Praxis aufzeigen.

1.2 Konzeptionelle Vorgehensweise

Die vorliegende Arbeit widmet sich den Barrieren und Herausforderungen von Dialogmarketing unter der Prämisse von Crossmedia im digitalen Zeitalter. Die Methodik folgt hierbei einem deduktiv wissenschaftlichen Ansatz. In einem ersten Schritt wurde ein klassisches Sender-Empfänger-Kommunikationsmodell weiterentwickelt, um die Dynamik eines Dialogmarketingprozesses abzubilden.[21] Anhand des Modells wird die Wirkung von Crossmedia und dem Dialog mit den Kunden durch sekundäre Auswertung empirischer Studien überprüft. Dazu werden umfangreiche, repräsentative, weltweit erhobene

---

[15] Vgl. Interview vom 27.05.2011 mit Helma Finkenauer-Linnerth
[16] Interview vom 08.06.2011 mit Marco Fischer, Die Firma GmbH
[17] Ebenda
[18] Interview vom 27.05.2011 mit Helma Finkenauer-Linnerth
[19] Vgl. Scharrer, Jürgen, in: HORIZONT 22/2011, S.20
[20] z.B. Schwarz, Torsten (Hrsg.): Leitfaden Dialog Marketing, Das kompakte Wissen der Branche, Waghäusel, 2008, Dissertation von Noack, Catharina: Crossmedia Marketing – Suchmaschinen als Brücke zwischen Offline- und Online-Kommunikation, Universität Hohenheim 2010
[21] Vgl. Kotler, Philip, Bliemel, Friedhelm (2006), S.906

Studien namhafter Marktforschungsinstitute herangezogen. Die Sekundäranalyse der Studien erfolgt anhand von zwei thematischen Schwerpunktgebieten: Crossmedia und dem Mediennutzungswandel. Einen wesentlichen Beitrag zur Analyse liefern die Studien zum Thema Direktmarketing bzw. Dialogmarketing der Deutschen Post AG, die im Rahmen dieser Untersuchung rückwirkend seit dem Jahr 2004 gesichtet wurden.[22]

Qualitativ orientierte Forschungsmethoden sind häufig genutzte Mittel, um Gegenstands-bereiche umfassend zu untersuchen und zu verallgemeinerbaren Forschungsergebnissen zu kommen.[23] Im Rahmen dieser Arbeit wurden acht qualitative Experteninterviews geführt, um die gewonnenen Erkenntnisse aus der Sekundäranalyse anhand von praktischen Erkenntnissen zu überprüfen. "Experten [sind] Menschen, die ein besonderes Wissen über soziale Sachverhalte besitzen, und Experteninterviews sind eine Methode, dieses Wissen zu erschließen".[24]

Mayring/Gläser-Zikuda (2005) fordern, die Interviewprotokolle in Analyseeinheiten zu zerlegen und schrittweise zu bearbeiten. Dieser Prämisse wird folgegeleistet, indem die Interviewfragen in Schwerpunktkategorien (Allgemeine Fragen, Mediennutzung, Typo-logisierung, Handlungsbe-darf) eingeteilt wurden und in den jeweiligen thematisch relevanten Kapiteln ausgewertet werden.

Zusätzlich soll laut Mayring/Gläser-Zikuda (2005) eine Reliabilitätsprüfung möglich sein, welche durch die Aufzeichnung bzw. Transkription der Gesprächsprotokolle im vollen Umfang gewähr-leistet wird.[25] Die Transkription der Gespräche erfolgt dabei gemäß dem Wortlaut der Gesprächs-partner und der Forderung nach inhaltlicher Vollständigkeit, jedoch ohne nonverbale und para-sprachliche Elemente.[26]

---

[22]Deutsche Post AG, Direkt Marketing Monitor 2004-2007, Dialog Marketing Monitor 2008-2011. Ab dem Jahr 2004 wurden erstmalig Werbespendings für den gesamten Werbemarkt der BRD erhoben, weshalb die Studien ab 2004 für die Untersuchung herangezogen wurden. Damit ist es möglich, die Stellung von Direktmarketing gegenüber Klassikwerbemedien zu beurteilen. Ab 2008 wurde der Titel der Studie in „Dialog Marketing Monitor" umbenannt. Dabei erfolgten auch Veränderungen der Definitionen für Dialogmarketing im engeren Sinn und Dialogmarketing Medien im weiteren Sinn. Die absolute Vergleichbarkeit der Studien ist dement-sprechend mit Vorsicht zu betrachten. Ab dem Jahr 2010 wurden erstmalig die Aufwendungen für Crossmedia explizit abgefragt, während im Jahr 2011 eine methodische Weiterentwicklungen des Dialog Marketing Monitors 2011 im Hinblick auf das Onlinemarketing im Wandel: Web 2.0 und Social Media Marketing vorgenommen wurde. Mit dem Dialog Marketing Monitor 2011 stellt die Deutsche Post AG bereits zum 23. Mal eine Studie zu diesem Themenschwerpunkt vor.
[23] Vgl. Mayring, Philipp, Gläser-Zikuda, Michaela (2005), S.7f.
[24] Gläser, Jochen, Laudel, Grit (2004), S.10
[25] Vgl. Gläser, Jochen, Laudel, Grit (2004), S.10
[26] Vgl. Meuser, Michael, Nagel, Ulrike (2005), S.83

Leitfadengestützte Interviews zählen zu den nichtstandardisierten Methoden, bei welchen der Interviewer eine im Vorfeld entwickelte Fragensammlung offener Fragen als Grundlage des Gesprächs nutzt. [27] Der Leitfaden wurde auf Basis theoretischer Vorüberlegungen und zuvor formulierter Leitfragen sowie zugrunde liegenden Hypothesen entwickelt. Die Auswertungsmethodik orientiert sich an der qualitativen Inhaltsanalyse vorgeschlagen von Gläser/Laurel (2004). Dabei fordert das Verfahren ein systematisches Vorgehen und Zuordnen der extrahierten Informationen zu Auswertungskategorien. Das Ziel der Auswertung ist dabei, Kausalzusammenhänge der Leitfragen aufzuklären und etwaige Erklärungsansätze für die aufgestellte Hypothese zu finden.[28]

Der Befragungszeitraum der leitfadengestützten Interviews datiert in der Zeit vom 18. Mai bis 8. Juni 2011. Insgesamt wurden sechs der Interviews persönlich und zwei der Interviews telefonisch durchgeführt. Folgende Experten konnten für die vorliegende Untersuchung befragt werden:

André Lutz ist Geschäftsführer der Agentur defacto kreativ GmbH. Die Agentur mit Hauptsitz in Erlangen positioniert sich mit den Schwerpunkten CRM und Dialogmarketing. Zu den Kunden zählen High End Consumer Brands wie z.B. Audi, Motorola (B2B), Esprit, O2 und Weihenstephan. defacto betreut Kunden in mehr als 100 Ländern von über 150 Büros, dank der Netzwerkanbindung ComVort.

Boris Lakowski von Sternsdorf Lakowski & Partner, ist Experte für digitale Markenführung, Online-Marketing, Social Media, interaktive Trends und Technologien. Sternsdorf Lakowski & Partner ist eine unabhängige Strategieberatung für digitale Markenführung mit Sitz in Frankfurt am Main. Zu den Klienten zählen internationale Marken wie Mercedes-Benz, Coca-Cola, Bosch, Deutsche Telekom, Ikano Bank, JWT, Jägermeister, Maybach, McDonald's, o2, Samsung, Swarovski, ThyssenKrupp, USM und Vogue.

Ingo Grosch ist Senior Strategic Planner der Agentur Young & Rubicam aus Frankfurt am Main. Ingo Grosch arbeitete zuvor bei McCann Erickson, Kemper Kommunikation und lange Jahre als Brand Strategist für die international tätige Agentur Leo Burnett. Dort betreute er Kunden wie Black Berry, Fiat, hr3 und das ZDF. Grosch ist außerdem als Dozent für Werbepsychologie und Markenführung tätig.

---

[27] Ebenda, S.107
[28] Vgl. Gläser, Jochen, Laudel, Grit (2004), S.10

Helma Finkenauer-Linnerth ist Media-Expertin und Strategin für klassische Medien offline und online und für Medien in Vertriebsfunktion. Als Gesellschafter-Geschäftsführerin ihrer Unternehmensberatung berät sie Marketing- und Geschäftsleitung in Unternehmen und auch die Salesleitung in Medienhäusern. Frau Finkenauer-Linnerth war viele Jahre in leitender Position in Media-Agenturen. Sie ist Betriebswirtin und hat einen Master-Abschluss in Medienrecht.

Martin Bauer ist Managing Partner der Agentur Wunderman am Standort Frankfurt am Main. Die Werbeagentur Wunderman positioniert sich als Dialogmarketing- und CRM-Spezialist. Herr Bauer durchlief Stationen in international renommierten Agenturen und Unternehmen, darunter BBDO/Proximity, BMW, MRM und Daimler. Zu seinen Etatverantwortlichkeiten zählen u.a. die Kunden Jaguar, Land Rover und Range Rover.

Kerstin Jourdan ist Ressortleiterin Direktmarketing bei der Direktbank ING-DiBa, Frankfurt am Main und blickt auf jahrelange Erfahrung in Agenturen und auch Unternehmen zurück. Sie war unter anderem sechs Jahre „Head of Strategic Planning" der Agentur Wunderman in Frankfurt. Sie ist Spezialistin auf dem Gebiet Dialog- bzw. Direktmarketing, Online Marketing, Customer Relationship Management, Marketing- und Vertriebsstrategien im B2B und B2C Bereich.

Stephanie Carroux ist Senior Consultant der Deutschen Post AG im Bereich Media & Targeting Solutions in Bonn und zentrale Ansprechpartnerin für das Tool MediaMail Planner. Ein professionelles Planungstool, welches die Integration von Direct Mail in die crossmediale Kampagnenplanung ermöglicht und Mediazielgruppen in Adresspotenzial übersetzt. Die Datenbasis bildet eine Verknüpfung der Markt-Media-Studie "Typologie der Wünsche" des Instituts für Medien- und Konsumentenforschung GmbH & Co.KG (IMUK) und der Haushaltsdatenbank der Deutschen Post. Frau Carroux hat sich durch ihre Arbeit in Agenturen (Grey Worldwide GmbH, Butter. GmbH) als Etatdirektorin und bei der Deutschen Post zur Spezialistin für crossmediale Zielgruppenansprache, Kommunikationsentwicklung und Produktmanagement entwickelt.

Marco Fischer ist Geschäftsführer der Agentur Die Firma GmbH, Wiesbaden. Herr Fischer blickt auf langjährige Praxiserfahrung zurück, u.a. für Kunden wie Philip Morris, P&G, Siemens, Obi, Lufthansa Airplus, juwi, Festool, Bayer AG und viele mehr. Als Geschäftsführer seiner zusammen mit Partnern gegründeten Agentur ist er heute vor allem für die Sparte Creative Concept und strategische Beratung mit den Schwerpunkten digitale Markenführung und Social Media verantwortlich. Die Firma GmbH ist spezialisiert auf digitale

B2B-Kommunikation. Herr Fischer hält zudem einen Lehrauftrag an der RFH Köln mit Schwerpunktseminaren zum Thema „Crossmedia Design".

1.3 Leitfragen, Modellbildung und Hypothesen

Aus der Problemstellung (Kapitel 1.1) ergeben sich folgende Leitfragen, die im Verlauf der Arbeit eingehend untersucht werden:

1. Welchen Einfluss hat das sich verändernde Mediennutzungsverhalten auf das crossmediale Dialogmarketing?
2. Gibt es eine Wirkungsverstärkung bei der crossmedialen Integration von Online und Offline Medien im Dialogmarketing?
3. Was sind die Hemmnisse und Herausforderungen von crossmedialem Dialog-marketing?

Die Einordnung von inhaltsanalytischer Textauswertung in ein Kommunikationsmodell ist ein Postulat von Mayring/Gläser-Zikuda (2005). Auf Grundlage der Leitfragen wurde deshalb im Folgenden ein Sender-Empfänger Modell weiterentwickelt und auf die Thematik des crossmedialen Dialogmarketing übertragen (siehe Abb.1).

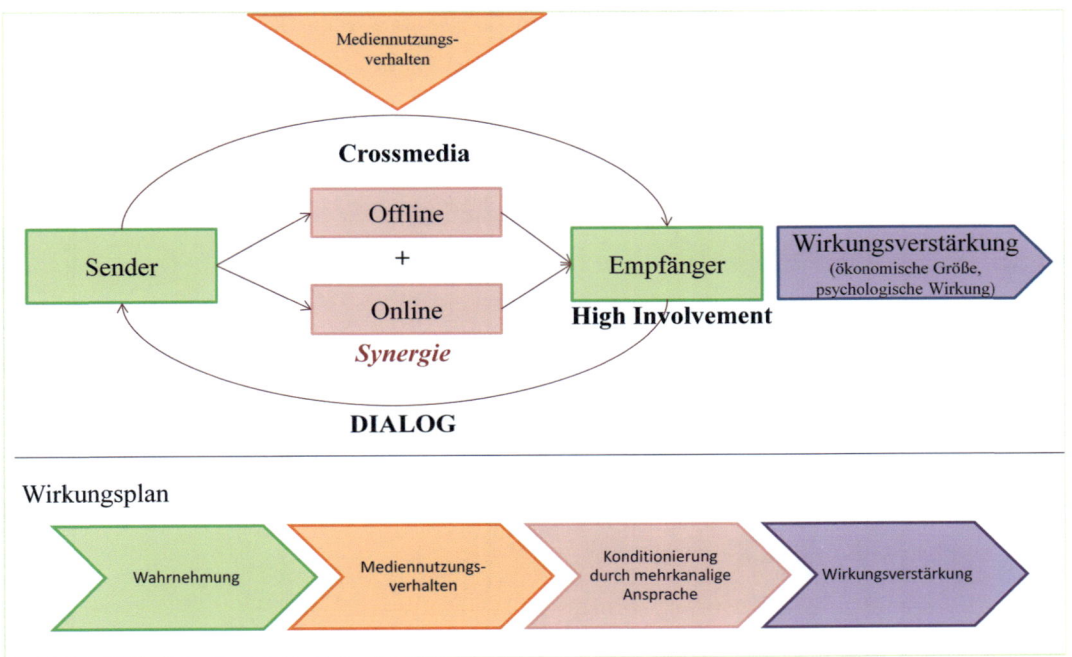

Abb. 1: Forschungsleitendes Modell
Quelle: Selbsterstellte Grafik

Das Modell dient als Forschungsgrundlage der Arbeit und zeigt bildlich den antizipierten dynamischen Wirkungsverlauf crossmedialer Kommunikation. Es prognostiziert eine Wirkungsverstärkung für das Dialogmarketing unter der Prämisse, dass Offline und Online Medien crossmedial vernetzt werden. Das Mediennutzungsverhalten ist dabei eine entscheidende Einflussgröße. Der zugrundeliegende Wirkungsplan prognostiziert die Wirkungsverstärkung aufgrund der Konditionierung durch mehrkanalige Ansprache.

Durch relevante Zielgruppenansprache entsteht auf Seite des Empfängers „High Involvement" und damit die Bereitschaft, in den Dialog mit dem Sender zu treten. Als Resultat zeigen sich ökonomisch messbare Größen wie z.B. Erstkauf, Wiederkauf, Weiterempfehlung, Loyalität, Kundenzufriedenheit, ROI, bzw. psychologische Wirkung wie Image oder die gestützte oder ungestützte Markenbekanntheit.

Der Begriff des Involvement ist in diesem Zusammenhang sowohl für das Dialogmarketing, als auch für den crossmedialen Wirkungsprozess elementar. Unter Involvement (Ich-Beteiligung) versteht man die Bereitschaft der Konsumenten, sich für etwas zu engagieren oder sich überhaupt aktiv mit dem Gegenstand auseinanderzusetzen.[29] Das Involvement hat einen wesentlichen Einfluss darauf, wie intensiv sich Konsumenten mit empfangener Kommunikation auseinandersetzen. Demnach müssen sich Maßnahmen der integrierten Kommunikation und damit Maßnahmen des crossmedialen Dialogmarketing an dem situativen Involvement der Konsumenten orientieren.[30] TV Werbung kann dabei standardmäßig eher geringes Involvement erzeugen. Im dialogischen Sinn müsste eine vernetzte Kampagne, wenn z.B. auf ein Online Medium verlängert, den Konsumenten zu einem „High Involvement" bewegen, um den längerfristigen Dialog zu sichern.

Auf Basis des Modells und der Leitfragen kristallisieren sich für die vorliegende Forschungsarbeit zwei Kernhypothesen heraus, welche im Verlauf der Arbeit anhand von Sekundärliteratur und eigener empirischer Untersuchung mittels qualitativer Experteninterviews sukzessive verifiziert oder falsifiziert werden. Aus der Grundüberlegung des forschungsleitenden Modells ergeben sich folgende Hypothesen:

---

[29] Vgl. Esch, Franz-Rudolf (2011), S.114
[30] Ebenda, S.120

Hypothese I:

Der Wandel des Mediennutzungsverhaltens verändert nachhaltig die Kommunikation und damit das crossmediale Dialogmarketing.

Hypothese II:

Die crossmediale Integration von Online und Offline Medien im Dialogmarketing führt zu einer Wirkungsverstärkung. Das Resultat sind messbare ökonomische Variablen und eine psychologische Wirkung.

2. Kernbegriffe

Um die Thematik des crossmedialen Dialogmarketing eingehend untersuchen zu können, werden im folgenden Kapitel die wichtigsten Grundbegriffe definiert.

2.1 Der Begriff Crossmedia und Crossmedia-Marketing

Eine allgemeingültige Definition des Begriffes Crossmedia existiert bis zum heutigen Zeitpunkt nicht. Ebenso wenig ist sich die einschlägige Literatur über die richtige Schreibweise einig. Bruhn (2009) verwendet bspw. die Schreibweise „Cross-Media" und „Cross-Media-Kommunikation", während in zahlreichen Publikationen von „Crossmedia" oder „crossmedialer Kommunikation" gesprochen wird.[31] Im Folgenden wird – falls nicht anderweitig zitiert – von letzteren Versionen Gebrauch gemacht.

Crossmediale Kommunikation bedeutet nach Bruhn (2009) den gleichzeitigen Einsatz mehrerer Mediengattungen, unter der Prämisse, dass in allen Werbemitteln auf ein anderes Medium hingewiesen wird. Ziel der Hinweise ist es, für eine multikanale Ansprache der Konsumenten eine zusätzliche Informationsebene und einen potenziellen Rückkanal zu schaffen, um dadurch direkt in Interaktion mit den Konsumenten zu treten.[32] Außerdem sollen Synergieeffekte durch die Mehrfachverwendung der Inhalte in den verschiedenen Medien und auf unterschiedlichen Kanälen entstehen. Nicht nur soll eine vertiefte Ansprache der Zielgruppe erreicht werden, auch die reine Erhöhung der Kontaktzahlen steht im Interessensmittelpunkt der crossmedialen Kommunikation. Crossmedia kombiniert verschiedene Medien, um Kunden und Beeinflusser wirksam zu bearbeiten und crossmediale Synergien zu erzielen.[33] Dabei spielt eine durchgängige Leitidee, die zeitliche, inhaltliche und formale Integration sowie die geeignete Medienwahl im Hinblick auf die relevante Zielgruppe eine entscheidende Rolle.[34]

---

[31] Vgl. Bruhn, Manfred (2009), S.35; Hohlfeld, Ralf et al. (2010), S.20
[32] Vgl. Bruhn, Manfred (2009), S.35f.
[33] Vgl. Rutschmann, Marc, Belzmann, Christian (2011), S.199; Schneider, Martin (2007), S.65
[34] Vgl. Mahrdt, Niklas (2009), S.18

Mahrdt (2009) fordert zudem eine multisensorische Ansprache, Interaktionsmöglichkeiten und eine Aktivierung der Zielgruppe. Als Ergebnis soll sich ein Mehrwert und Nutzwert für den Verbraucher einstellen. Zu beachten sei neben dem Zielmedium die zunehmende Medienkonvergenz und das CRM-Potenzial.[35] Horizontale, vertikale und laterale Crossmedia-Strategien umfasse jeweils einen Marken-, Organisations-, Vermarktungs,- und Wertsteigerungsaspekt (Markentransfer durch die verschiedenen Kanäle).[36]

Nach Schwarz/Braun (2006) braucht erfolgreiches crossmediales Dialogmarketing klare Botschaften, eine inhaltliche, formale und zeitliche Abstimmung der Kanäle, klare Zielgruppendefinitionen und ein einheitliches Erscheinungsbild der Unternehmen – mit einem „One face to the customer".[37] Er impliziert dabei auch, dass Kostenersparnisse durch die Kombination von Medien entstünden.

2.2 Integrierte Kommunikation als Abgrenzung zu Crossmedia

Der mittlerweile sehr beliebte Begriff der Integrierten Kommunikation findet, wie auch Crossmedia, in der Literatur keine eindeutige Definition. Eine Notwendigkeit der Abgrenzung zu Crossmedia besteht jedoch, da bisweilen die Integrierte Kommunikation, 360° Kommunikation oder Multi-Channel Kommunikation in der Praxis häufig synonym Verwendung finden.[38]

Bereits 1982 hat Tietz vier verschiedene Definitionen von Integrierter Kommunikation entwickelt, darunter: „Harmonisierung und Integration werbender und informativer Kommunikation – im externen und internen Bereich – mehrerer auf einem bestimmten Gebiet tätiger Unternehmen und Institutionen".[39]

Esch (2011) hält fest, dass jene Definition zweckmäßig ist, welche sich hinsichtlich des praktischen Problems am besten eignet – also jene mit einem pragmatischen Wissenschaftsverständnis.[40] Seiner Auffassung nach liefert Kroeber-Riel (1993) eine sehr gute Definition von integrierter Kommunikation: „Unter integrierter Kommunikation wird hier die inhaltliche und formale Abstimmung aller Maßnahmen der Marktkommunikation verstanden, um die von der Kommuni-

---

[35] Vgl. Mahrdt, Niklas (2009), S.18
[36] Vgl. Schneider, Martin (2007), S.65
[37] Schwarz, Torsten, Braun, Gabriele (2006), S.9
[38] Vgl. Mahrdt, Niklas (2009), S.15
[39] Tietz, Bruno (1982), S.2270-2276
[40] Vgl. Esch, Franz-Rudolf (2011), S.25

kation erzeugten Eindrücke zu vereinheitlichen und zu verstärken. Die durch die Kommunikationsmittel hervorgerufenen Wirkungen sollen sich gegenseitig unterstützen. Die integrierte Kommunikation kennzeichnet also die durchgängige Umsetzung eines Kommunikationskonzeptes durch die Abstimmung der Kommunikation im Zeitablauf und der eingesetzten Kommunikationsinstrumente zur Optimierung der Kontaktwirkungen."[41]

In Abgrenzung zu Crossmedia hält Bruhn (2009) fest, dass das Konzept der Integrierten Kommunikation ein anderes Zielgruppenverständnis verfolgt als Crossmedia.[42] Während ersteres explizit eine breite Zielgruppe sämtlicher Stakeholder betrachtet, fokussiert Crossmedia den Kunden als zentrale Zielgruppe. Außerdem stehen bei Crossmedia die Trägermedien für eine Werbebotschaft im Vordergrund, während Integrierte Kommunikation ganzheitlich sämtliche Integrationsformen der Kommunikationsinstrumente in den Ansatz bringt.[43]

Zusammenfassend kann festgehalten werden, dass Crossmedia zwar oftmals in der Praxis als Synonym für Integrierte Kommunikation verwendet wird[44], dabei aber vielmehr als Teilbereich von Cross-Channel-Marketing der integrierten Kommunikation untergeordnet ist.[45] Bruhn hält fest, dass Crossmedia und Integrierte Kommunikation als sich ergänzende Konzepte gewertet werden können.[46] Im Verständnis der vorliegenden Arbeit wird Crossmedia als Teilgebiet und wichtigen Kernaspekt der Integrierten Kommunikation verstanden.

2.3 Der Begriff Dialogmarketing

Der Begriff Dialogmarketing lässt sich auf das klassische Direct-Mailing zurückführen. Direct-Mail ist – historisch betrachtet - ein reines Postversandgeschäft mit dem Fokus der Bereitstellung von Katalogen und Prospekten der Versandhändler sowie den Versand von personalisierten oder standardisierten Werbebriefen (Mailings) mit integrierter Responsefunktion.[47] Im Zeitverlauf etablierte sich zunächst die Bezeichnung Direktwerbung

---

[41] Esch, Franz-Rudolf (2011), S.27, Kroeber-Riel, Werner (1993b)
[42] Vgl. Bruhn, Manfred (2009), S.36
[43] Ebenda
[44] Vgl. Gleich, Uli (2003), S.510f.
[45] Vgl. Wiedmann, Rainer (2006), S.158
[46] Vgl. Bruhn, Manfred (2009), S.37
[47] Vgl. Holland, Heinrich (2009), S.5f.

(Mailing und auch Telefonmarketing), später sprach man von Direktmarketing und aktuell geläufig ist die Bezeichnung Dialogmarketing.

Die Begriffe Direkt- und Dialogmarketing können weitgehend synonym verwendet werden. [48] Allerdings liegt der Schwerpunkt des Dialogmarketing verstärkt auf dem langfristigen Kundendialog, während Direktmarketing auf eine reine Response ausgerichtet ist.[49] Zum gegenwärtigen Zeitpunkt findet der Begriff der Interaktiven Kommunikation, deren Schwerpunkt die Nutzung elektronischer, interaktiver Medien ist, regen Zuspruch. Für das Dialogmarketing ergeben sich dementsprechend die folgenden Bedingungen:[50]

- Identifizierbare Zielgruppe/Zielperson
- Bekannte Zielperson
- Erklärungsbedürftiges Angebot
- Angebot mit hohem Involvement
- Komplexer Kaufentscheidungsprozess
- Kauf bleibt kein einmaliges Erlebnis, sondern es gibt Folgekäufe
- Kein geringwertiger Kauf

Die im Folgenden aufgeführte Tabelle veranschaulicht die Unterschiede zwischen Dialogmarketing und der klassischen Kommunikation:

Kriterium	Klassisches Marketing	Dialogmarketing
Ziel	Aufmerksamkeit, Reichweite	langfristige Kundenbindung interaktive Kommunikation
Zielgruppe	Breite Zielgruppe	Eine, wenige Zielpersonen
Medien	Klassische Medien z.B. TV, Print, Radio	Interaktive Medien, Online und Offline, Dialogmedien
Kommunikationsfluss	Linear ausgerichtet	Loop
Kommunikationswirkung	Breit	Tief
Paradigma/Philosophie	Transfermarketing	Customer Relation
Kundenverständnis	Anonym	Bekannt
Marketingverständnis	Monolog	Dialog

Tab. 1: Gegenüberstellung klassisches Marketing vs. Dialogmarketing
Quelle: Selbsterstellte Grafik

Eine Studie der Deutschen Post ergab, dass im Jahr 2009 ein Werbevolumen von 77 Milliarden Euro und damit fast zwei Drittel der Aufwendungen in Dialogmedien und Medien mit

---

[48] Vgl. Holland, Heinrich (2009), S.5f.
[49] Vgl. Wirtz, Bernd (2009), S.18
[50] Vgl. Holland, Heinrich (2009), S.10

Dialogelementen flossen. In klassische Medien wurden nur etwa ein Drittel der Werbeauf-wendungen investiert, welches die Wichtigkeit des Dialogmarketing unterstreicht.[51]

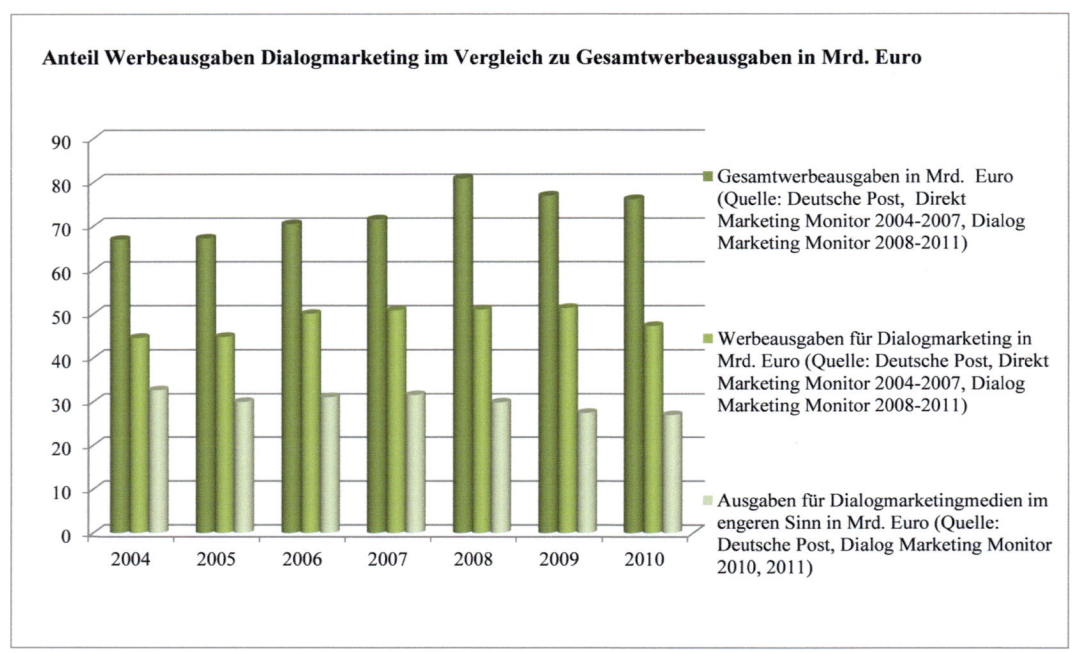

Abb. 2: Werbeausgaben Dialogmarketing
Quelle: Selbsterstellte Grafik

Heute wird bereits Kommunikation mit geringer Responsemöglichkeit oftmals als Dialog bezeichnet. Belz et.al. (2011) fordern deshalb den expliziten Qualitätsanspruch an das Dialogmarketing. Damit genüge ein einfaches Responseelement in Form eines Antwort-coupons nicht.[52] Aus diesem Grund könne der Dialog nur einem kleinen Teil des Direkt-marketing zugesprochen werden.[53]

Der DDV (Deutscher Dialogmarketing Verband e.V.) kommt zu einer breiter gefassten Definition. Dialogmarketing ist demnach „der Oberbegriff für alle Marketingaktivitäten, bei denen Medien mit der Absicht eingesetzt werden, eine interaktive Beziehung zu Individuen herzustellen. Ziel ist es dabei, den Empfänger zu einer individuellen, messba-ren Reaktion (Response) zu veranlassen."[54]

Für die vorliegende Arbeit wurden die Informationen aus verschiedenen Quellen aggregiert und eine Zuordnung verschiedener Medien vorgenommen. Danach ergibt sich für das Dialogmarke-

---

[51] Vgl. Deutsche Post (2010), S.3
[52] Vgl. Belz, Christian et al. (2011), S.21
[53] Ebenda
[54] DDV (2011), http://www.ddv.de/

ting eine Untergliederung in Online und Offline Medien. Klassische Medien mit Responseelement sind im Verständnis der Autorin als Unterelemente des Dialogmar-keting vertreten, fungieren jedoch nicht als Dialogmedien im „engeren Sinn". In Anlehnung an die Einteilung der Studien der Deutschen Post AG werden Messen, Printcoupons, Personal-Promotion und SMS- sowie Fax-Werbung als Medien mit Dialogelementen bezeichnet.

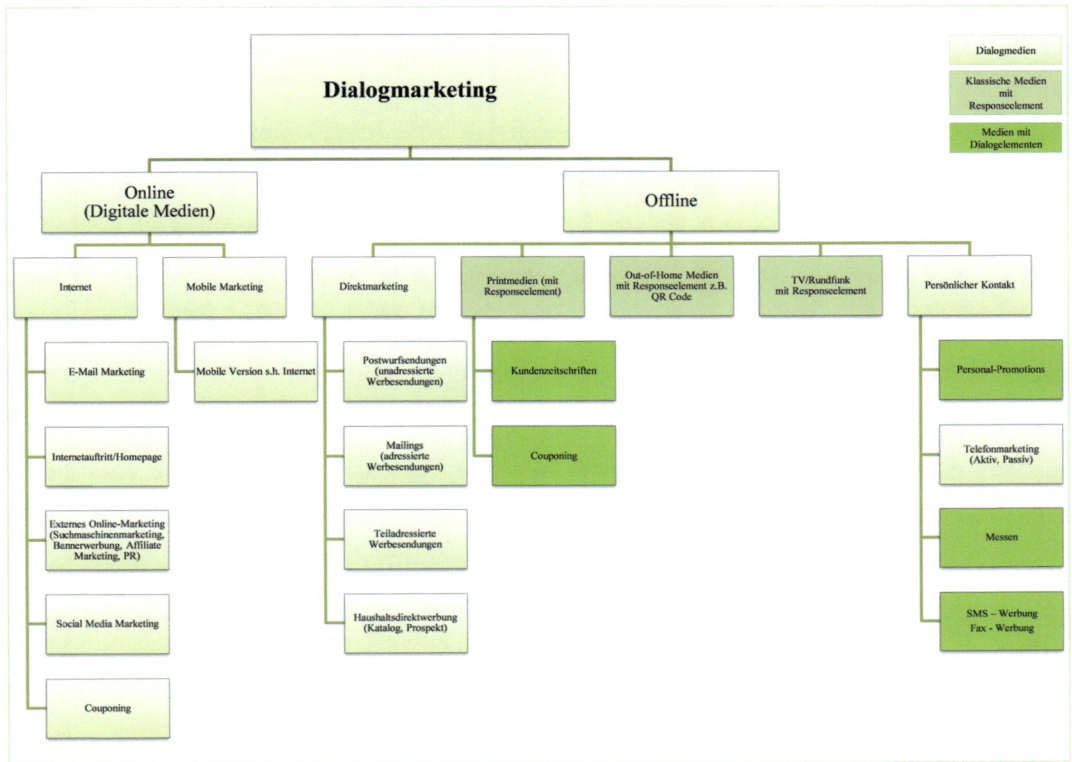

Abb. 3: Klassifizierung des Begriffs Dialogmarketing
Quelle: Selbsterstellte Grafik

Die crossmediale Vernetzung bzw. Einbindung von Dialogmedien in crossmediale Kampagnen wird zunehmend gefordert.[55] Ein einheitliches Corporate Design (CD) und die Orchestrierung der Marketing-Instrumente fördert laut dem Sigfried Vögele Institut die Wahrnehmung und bewirkt Synergieeffekte auch beim Einsatz von Dialogmedien wie z.B. Mailings. Gerade die Integration von Offline Dialogmedien und die Verlängerung der Kommunikation durch Online Dialogmedien bieten demnach sowohl einen Mehrwert für Werbetreibende, als auch für Konsumenten.

---

[55] Vgl. Siegfried Vögele Institut (2010), S.41f.

3. Vernetzung von Online und Offline Kommunikation im Dialogmarketing

Crossmedia verknüpft mindestens zwei Medien, um eine Werbebotschaft zu transportieren. Experten sprechen in der Praxis auch von drei vernetzten Medien als Voraussetzung von Crossmedia.[56] Meist ist das zum einen ein reichweitenstarker „Basis-Werbekanal", wie z.B. Print, in Kombination mit einem oder mehreren Zielmedien, wie z.B. Online oder Mobile.[57]

Das Zielmedium stellt dem Bedarfsträger eine Dialog bzw. Interaktionsplattform bereit. Ein Zielmedium fungiert i.d.R. als Auffang- oder Sammelbecken, während flankierende Medien für den Traffic zum Zielmedium sorgen.[58] Optimalerweise kann solch ein Audience-Flow gemäß dem Verständnis des Sales Funnel gelenkt werden, was sich jedoch durch neue partizipative Kanäle als zunehmend schwierig gestaltet.[59] Das „Sales Funnel Konzept" impliziert dabei, dass der Audience Flow an den relevanten Touchpoints bedient und bis zum Ende des Kanals begleitet werden soll.[60] Die Umsetzung von Crossmedia wird dahingehend als Stufenprinzip verstanden und hängt stark mit dem Thema Leadmanagement zusammen, bei dem der Konsument bzw. Lead auf „eine Reise entlang der verschiedenen Touchpoints hin zu einer Aktion oder Interaktion"[61] [geleitet werden soll]. Der Mehrwert von crossmedialen Kampagnen im Gegensatz zu klassischen Media-Mix Kampagnen ist bedingt durch die Intensivierung der im Lead-Medium generierten Kontakte.

Bei crossmedialem Dialogmarketing erfährt der Nutzer idealerweise direkte Handlungsmöglichkeiten, was das Involvement als Prämisse für den erfolgreichen Dialog erhöht und damit die gewünschten Synergieeffekte erzielt.[62] Die Vernetzung von Online und Offline Kanälen gemäß den Grundprinzipien crossmedialer Integration unterstützt dabei die Intensivierung dieser Kundenkontakte.

---

[56] Vgl. Interview vom 08.06.2011 mit Marco Fischer, Die Firma GmbH
[57] Vgl. Wiedmann, Rainer (2006), S.158
[58] Vgl. Interview vom 20.05.2011 mit Ingo Grosch
[59] Vgl. Interview vom 18.05.2011 mit André Lutz – Vgl. Sales Funnel Kapitel 7.2
[60] Vgl. Schawel, Christian, Billing, Fabian (2009), S.166
[61] Vgl. Interview vom 08.06.2011 mit Marco Fischer, Die Firma GmbH, Lead ist ein potentieller Konsument; Leadmanagement bedeutet das Generieren, Verwalten und Steuern von Leads, meist in Zusammenhang mit einem CRM-System. Das Ziel ist, aus dem Lead einen loyalen Kunden und optimalerweise Empfehler zu gewinnen.
[62] Vgl. Burst, Michael, Schmitt-Walter, Nikolaus (2003), S.39

3.1 Anwendungsbeispiele für die Vernetzung von Kanälen

Ein Beispiel für die Vernetzung der Kanäle im Dialogmarketing ist ein Code oder eine URL auf einem adressierten Mailing, welches auf eine Landingpage im Internet verweist.[63] Ebenso ist es denkbar, im Sinne von crossmedialer Integration lediglich Offline Kanäle zu vernetzten, wie z.B. Direct Mail und Print. Kombinationen, die nicht durch digitale Medien unterstützt werden, spielen in der Praxis heutzutage jedoch kaum noch eine Rolle.

Die Verzahnung von Print- und Online Maßnahmen funktioniert bisweilen bei größeren Unternehmen sehr gut. Technische Innovationen des Internet, wie 3D-Models oder Styling Beratungen, vernetzt mit dem klassischen Katalog im Versandhandel, schaffen einen direkten Mehrwert für den Kunden und intensivieren den Dialog.[64]

Das Internet hat einen hohen Stellenwert im Wirkspiel von Kommunikation. Es verlängert die Kommunikationskette, weil es mittels „pull" ermöglicht, auch dauerhaft in den Dialog treten zu können ohne immer wieder „pushen" zu müssen.[65] Der dadurch geschaffene Anreiz für den Kommunikationsempfänger, mit dem Unternehmen in einen Dialog zu treten, stellt einen Grund dar, weshalb das Internet in den meisten Fällen Bestandteil crossmedialer Kommunikation geworden ist. Zu diesen Ergebnissen kommen auch die Studien der Deutschen Post AG. Bei Unternehmen, die crossmedial agieren, sind die beliebtesten Kombinationen seit dem Jahr 2004 das Internet kombiniert mit Anzeigenwerbung (siehe Abb. 4).

---

[63] Vgl. Interview vom 01.06.2011 mit Stephanie Carroux
[64] Vgl. Siegfried Vögele Institut (2010), S.44f.
[65] Vgl. Interview vom 27.05.2011 mit Helma Finkenauer-Linnerth

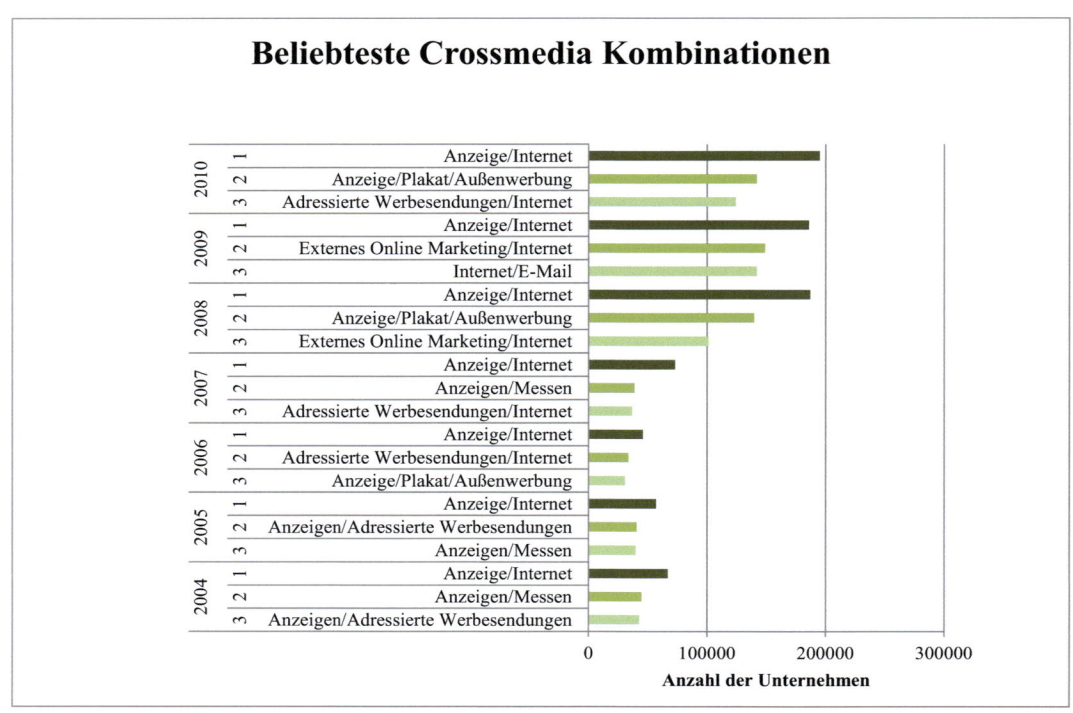

Abb. 4: Beliebteste Crossmedia Kombinationen
Quelle: Selbsterstellte Grafik, in Anlehnung an: Deutsche Post AG, Direkt
Marketing Monitor 2004-2007, Dialog Marketing Monitor 2008-2011

Im „Dialog Marketing Monitor 2011" der Deutschen Post AG setzten dennoch nur knapp ein Viertel der Unternehmen Crossmedia-Kampagnen ein. Die Anzahl der Kampagnen kann als überschaubar beschrieben werden; mehr als die Hälfte der Anwender von Crossmedia führt eine oder maximal zwei crossmediale Kampagnen durch.[66] Abb. 5 gibt einen Überblick über die Anzahl der eingesetzten crossmedialen Kampagnen ab dem Jahr 2004.

---

[66] Vgl. Deutsche Post AG (2011), S.3

26

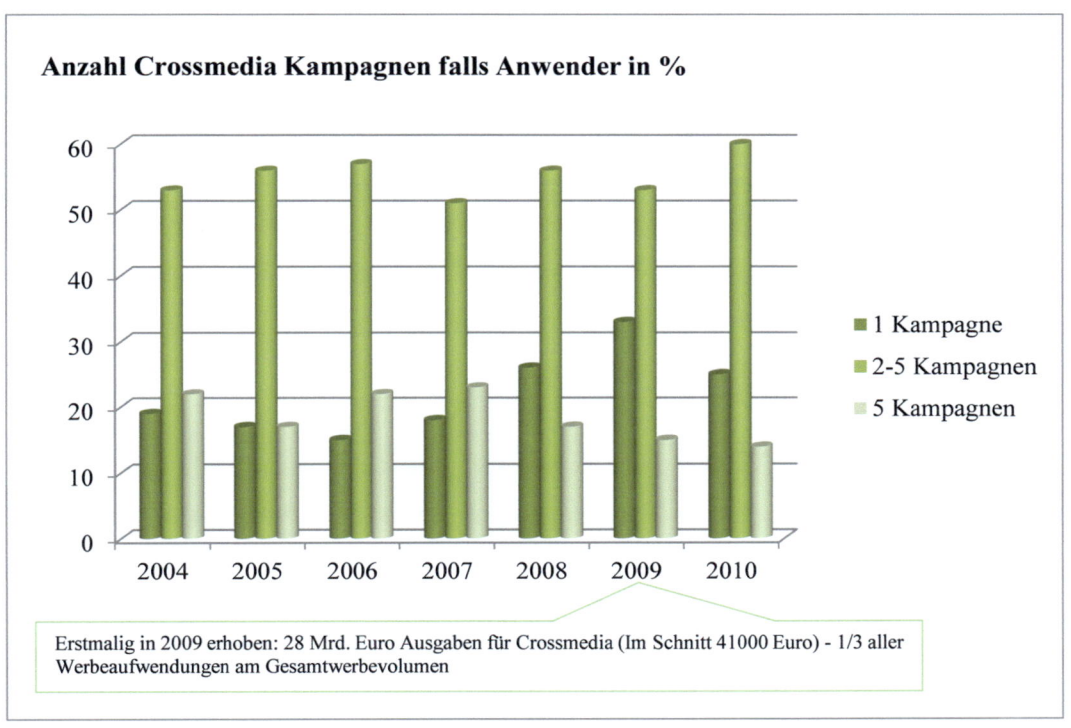

Abb. 5: Anzahl Crossmedia Kampagnen
Quelle: Selbsterstellte Grafik, in Anlehnung an Deutsche Post: Direktmarketing
Monitor 2004-2007, Dialogmarketing Monitor 2008-2011

3.2 Trend zu digitalen Medien

Klassische Dialogmedien wie Mailings und Werbebriefe mit Responseelement sind nach wie vor beliebte Instrumentarien, um Zielgruppen direkt anzusprechen und einen Dialog anzubahnen. Allerdings verschiebt sich der Dialog zunehmend in Richtung der digitalen Medien. Die Ausgaben für Direct Mails sinken seit einigen Jahren kontinuierlich.[67] Laut dem Marktforschungsinstitut Nielsen sanken die Brutto Ausgaben von 3,6 Milliarden Euro in 2008 auf 3,4 Milliarden Euro in 2010, was einem realen Rückgang von 6% entspricht.[68] Dagegen kann ein deutlicher Anstieg der Brutto-Spendings im Bereich der Online Medien festgestellt werden, was nicht zuletzt daran liegt, dass Online i.d.R. günstiger ist. „Generell [wird] Online aufgrund seines eingebauten Rückkanals wichtiger: Immer mehr Konsumenten suchen den Eins-zu-eins-Dialog mit den Marken"[69], so Oliver Rosenthal von der Agentur OgilvyOne in Frankfurt.

---

[67] Vgl. Deutsche Post AG (2010), S.39f.
[68] Vgl. Thommes, Joachim, in: HORIZONT 16/2011, S.25
[69] Thommes, Joachim, in: HORIZONT 16/2011, S.25

„Trotz der fortschreitenden Digitalisierung wird Offline [jedoch] immer eine wichtige Rolle spielen"[70], so Karin Maria Schertler, Geschäftsführerin ServiceplanOne in München. Entgegen mancher Meinung, dass Papier im Dialogmarketing aussterben wird,[71] lässt die Dialogmarketing Branche laut dem jährlich erhobenen D-A-CH-Konjunkturbarometer, eine Befragung von Mitgliedern des Deutschen Dialogmarketing Verbandes (DDV), des Dialog Marketing Verbands Österreich (DMVÖ) und des Schweizer Direktmarketing Verbands (SDV), zu Beginn des Jahres 2011 optimistischere Töne verlauten. Seit der Weltwirtschaftskrise lassen sich wieder Umsatzzuwächse verzeichnen.

Rund zwei Drittel der 187 Befragten waren sich einig, dass sich der digitale Direktmarketing-Kanal Social Media im Jahr 2010 am besten entwickelt hat.[72] E-Mail-Marketing (49% in 2010, 61% in 2009) und Mobile Marketing (44%; 32%) sind zwei weitere digitale Dialogmedien, die im Untersuchungszeitraum starke Zuwächse verzeichneten. Zusammenfassend lässt sich deutlich ein Trend hin zu digitalen Kanälen erkennen.[73] Social Media sei „der perfekte Weg für den Kundendialog".[74] Eine Untersuchung der Unternehmensberatung Mc Kinsey bestätigt, dass Unternehmen, welche Web 2.0 Applikationen nutzen, einen höheren Marktanteil und größere Gewinnmargen verzeichnen können.[75]

3.3 Instrumente der Vernetzung

Ein Instrument der crossmedialen Vernetzung ist z.B. der „MediaMail Planner" der Deutschen Post AG. Dieses Tool verbindet die große Markt-Media Studie „Typologie der Wünsche (TdW)" von Hubert Burda Media mit der „microdialog Datenbank" der Deutschen Post. Die Zielgruppe kann hier anhand von psychographischen und demographischen Merkmalen segmentiert und in konkretes Adresspotential übersetzt werden.[76]

---

[70] Ebenda
[71] Vgl. Interview vom 20.05.2011 mit Boris Lakowski
[72] Die Thematik des Kanals Social Media wird in Kapitel 4.4 näher erläutert.
[73] Vgl. D-A-CH-Konjunkturbarometer, in: HORIZONT 16/2011, S.26
[74] Sonnenschein, Bettina, in: HORIZONT 16/2011, S.26
[75] Vgl. Bughin, Jacques, Chui, Michael (2011)
[76] Vgl. Interview vom 01.06.2011 mit Stephanie Carroux

Digitale Zielgruppen sind dagegen schwieriger zu segmentieren. Hierbei liefert Behavioral Targeting einen Lösungsansatz, die Bewegungsmuster der Online Nutzer abbilden zu können. [77] Nugg.ad ist beispielsweise solch ein Anbieter von Predictive Behavioral Targeting und bietet Lösungen an, welche es ermöglichen, digitale Werbung und Medien über relevante Zielgruppen zu steuern. [78] André Lutz nennt Technologien für Targeting, Retargeting, AdServing und Reporting oder klassisch die Kundenkarte oder Loyalitätsprogramme als Instrumente der Vernetzung.[79] Der "Loop" könne so wieder geschlossen werden und das manifestierte Wissen aus der Offline Welt dazu genutzt werden, den Kunden auch Online optimal anzusprechen.[80]

Im Mediabereich existiert bereits ein Tool zur integrierten Steuerung von TV und Online. „Double Play" basiert auf Paneldaten und ermöglicht eine Analyse der zielgruppen-gewichteten Verteilung von TV und Online Maßnahmen einer Kampagne. [81] Dieses Tool liefert zumindest einen Messansatz für die paralleltransportierenden Medien hinsichtlich ihrer in der Zielgruppe erzielten Reichweite und damit eine Chance die Überschneidung der Medien zu handeln. Monitoring und Tracking von Kampagnen sind weitere kampagnenbezogene Instrumente, welche Aufschluss über zukünftige Vernetzungsmöglichkeiten liefern können.[82]

Marco Fischer impliziert hingegen, dass der Einsatz technischer Tools nicht das primäre Ziel sein sollte, sondern dass nur auf strategischer Ebene eine Vernetzung stattfinden kann.[83] Boris Lakowski geht noch einen Schritt weiter und spricht von „der Idee" als wirkungsvollsten Integrator. Nur wenn eine Marke oder ein Markenversprechen eine relevante Idee kommuniziert und diese durch das Dialogmarketing auch hinreichend interaktiv begleitet wird, kann von einer erfolgreichen Vernetzung gesprochen werden.[84] Der Einsatz von Instrumenten sei dann nicht nötig, wenn eine gute Organisation der Prozesse vorherrscht. Ein Kampagnenmanager mit übergreifender Verantwortlichkeit könne den reibungslosen Prozessablauf der komplexen Vernetzung gewährleisten.[85]

---

[77] Vgl. OnetoOne (2011), http://www.onetoone.de/
[78] Vgl. Nugg.ad (2011), http://www.nugg.ad/de
[79] Vgl. Interview vom 18.05.2011 mit André Lutz
[80] Ebenda
[81] Vgl. SevenOne Media (2010)
[82] Vgl. Interview vom 27.05.2011 mit Helma Finkenauer-Linnerth
[83] Vgl. Interview vom 08.06.2011 mit Marco Fischer, Die Firma GmbH
[84] Vgl. Interview vom 20.05.2011 mit Boris Lakowski
[85] Vgl. Interview vom 31.05.2011 mit Kerstin Jourdan

Das Siegfried Vögele Institut (SVI) schlägt eine Reihe von Praxis-Tools vor, welche eine Verzahnung von Medien verbessern und die eingesetzten Werbemittel optimieren sollen. Darunter fällt die „Medienwirkungs-Analyse", welche die Effekte des Dialogmarketing auf den Prozess der Kaufentscheidung analysiert.[86] Darüber hinaus werden Handlungsempfehlungen für künftige Analysen abgeleitet. Gerade wenn es um die regionale Aussteuerung von Kampagnen geht, finden immer wieder auch Geomarketing Instrumente Beachtung. Eine Kombination aus klassischer Reichweitengenerierung, regionaler Klassik und punktgenauem Dialog soll den gewünschten Erfolg generieren.[87] Das Praxis-Tool „Adressdialog" vernetzt schließlich Werbebriefe mit dem personalisierten Internetauftritt. Der Dialog erfolgt dann in Echtzeit auf der personalisierten Landingpage.

---

[86] Vgl. Siegfried Vögele Institut (2010), S.101f.
[87] Vgl. Allgayer, Florian (2010), S.14

4. Mediennutzungsforschung und Medienwandel

Die Markt- und Zielgruppensegmentierung - und daraus resultierende konkrete Zielgruppen-beschreibungen - bildet die Grundlage der Mediaplanung.[88] Gerade im Dialogmarketing ist eine intensive Kenntnis der Zielgruppe unabdingbar, um den prosperierenden Dialog langfristig aufrechterhalten zu können. Eine konsequente, auf den Kunden ausgerichtete Kommunikationspolitik orientiert sich intensiv an den Bedürfnissen und Wünschen der Kunden. Für eine Marktbearbeitung mittels crossmedialer Dialogmarketingkampagnen ist es demnach nicht nur wichtig, die Bedürfnisstrukturen der Zielgruppe zu erfassen, sondern auch Kenntnisse zur Mediennutzung zu erlangen, um die relevanten Kanäle optimal belegen zu können.

Unter dem Begriff Mediennutzung versteht man den Kontakt zwischen dem Konsumenten und dem jeweiligen Medienangebot.[89] Dabei sind Markt-Media Analysen ein weit verbreitetes Instrumentarium, um das Mediennutzungsverhalten von Zielgruppen darzustellen. Im Folgenden werden zum einen Grundlagen der Mediennutzungsforschung erläutert, zum anderen der zu beobachtende Wandel der Mediennutzung und mögliche Auswirkungen auf die Thematik des crossmedialen Dialogmarketings eingehend untersucht.

4.1 Theoretische Grundlagen der Mediennutzungsforschung

Um die Mediennutzung und den damit verbundenen Wandel umfassend untersuchen zu können, ist es unerlässlich, zunächst theoretische Grundlagen darzulegen. Hier sind vor allem Konzepte aus der Medienpsychologie zu betrachten.

Ein potenzielles medienpsychologisches Konzept, welches die Auswahl bevorzugter Mediennutzung aufzeigt, stellt das Selective Exposure Konzept dar. Der Ursprung dieses Erklärungsansatzes geht auf die frühe Propaganda-Forschung der 1950er Jahre zurück. In Massenkommunikationsstudien wurden Nutzungsgewohnheiten von Rezipienten im Alltag untersucht.[90] Dem Konzept unterliegt als Ausgangspunkt, dass der Medienkonsument einem medialen Stimulus ausgesetzt ist. Der Rezipient bewegt sich in dessen Folge lediglich als „Kanal-Surfer von Angebot zu Angebot"[91], d.h. weniger rational, als vielmehr unbewusst gesteuert. Folgt man diesem medienpsychologischen Konzept, scheint Crossmedia

---

[88] Vgl. Unger et al. (2002), S.9
[89] Vgl. Heinrich, Jürgen (2006), S.73f.
[90] Vgl. Haferkamp, Nina (2008), S.23f.
[91] Ebenda, S.24

eine gute Möglichkeit zu sein, den Rezipienten zumindest an einem Kontaktpunkt abholen zu können. So ließe sich dieser zwar weniger durch intermediäre Verweise lenken, die multikanale Ansprache durch „Exposure" maximiert jedoch im Vergleich zur einkanaligen Ansprache die Chance, den Bedarfsträger an einem der gewählten Touchpoints abzuholen.

Der Uses and Gratification-Ansatz untersucht die Beweggründe der Mediennutzung von Rezipienten. Der Fokus liegt hier auf Gratifikationen, d.h. Bedürfnisbefriedigungen, die als motivationstechnische Aspekte zur Beschreibung des Mediennutzungsverhaltens dienen.[92] Wesentlich ist, weshalb sich der Käufer für etwas entscheidet, d.h. welche psychologische Erwartung aus dem Kaufverhalten resultiert.[93] Der Schwerpunktforschungsbereich umfasst die Typologisierung von Mediennutzungsmotiven, wobei sich das Bedürfnis nach Information, Unterhaltung, persönlicher Identität, Integration und soziale Interaktion als Hauptmotive herauskristallisieren. Diesem Ansatz folgend kann das crossmediale Dialogmarketing als probates Mittel bezeichnet werden. Dialog soll durch „High Involvement" Relevanz erzeugen, wobei ein crossmediales Angebot das Bedürfnis nach Information und Unterhaltung durch intensiven Kontakt befriedigen kann. Voraussetzung ist konsequenterweise die Ausrichtung auf die Bedürfnisstruktur der Zielgruppe.[94]

Um Werbe- und Streuverluste zu minimieren, bedienen sich Mediaplaner und Werbetreibende in der Praxis oft dem Hilfsmittel der Zielgruppensegmentierung mittels Typologien oder Lebensstilen. Lebensstil-Konzepte werden auch in der Kommunikationswissenschaft seit Beginn der 90er Jahre als Konzepte für die Erklärung der Mediennutzung diskutiert.[95]

Ziel aller Segmentierungsansätze anhand von Lebensstilen ist es, den Menschen ganzheitlich darzustellen und seine Lebensführung im Hinblick auf Alltagsorganisationen möglichst realitätsnah darzustellen. Lebensstile stellen dabei thematisch übergreifende Sinn-, Deutungs- und Verhaltensregulierungen dar.[96]

---

[92] Vgl. Aelker, Lisa (2008), S.17
[93] Vgl. Pusler, Michael (2011), S.46
[94] Vgl. Interview vom 08.06.2011 mit Marco Fischer, Die Firma GmbH
[95] Vgl. Schreiber, Petra (2007), S.2
[96] Vgl. Freter, Hermann (2008), S.68

Das Lebensstil-Konzept wird, außer in der soziologischen Theorie der sozialen Ungleichheit, auch in der Psychologie, Sozialpsychologie, Konsumentenforschung, Kulturanthropologie, Ethnologie und Politikwissenschaft thematisiert.[97] Aus Sicht der Soziologie kann eine Bezugsebene die Milieuebene sein, anhand deren sich Schichtzugehörigkeiten und Werteorientierungen einer Gesellschaft clustern lassen.[98] Eine andere Bezugsebene liefern empirische Marktforschungsstudien, welche soziodemographische Merkmale auf Käufertypologien beziehen. Aus Sicht der Psychologie wiederum werden Lebensstile anhand der Begriffe Selbstdarstellung bzw. Selbstkonzept dargestellt. Dieses beruht auf wiederkehrenden Verhaltensmuster, Wertvorstellungen und Persönlichkeitszügen einer Person.[99] Verbreitete Typologiekonzepte der Konsumentenforschung im Marketing sind die Sinus- und Sigma Milieus, Euro-Socio Styles, VALS (Value and Lifestyle) Typologie, Mediennutzertypologien (MNT), Online Nutzer Typologien (ONT), Morphologien oder Lymbic Types.[100]

4.2 Mediennutzungsforschung in der Praxis

Für das Marketing und die Konsumentenforschung sind neben den Studien der Arbeitsgemeinschaft Media-Analyse e.V. (AG.MA) und der Allensbacher Werbeanalyse (AWA) - vor allem Konsumentenverhalten einbeziehende Studien relevant, um Zielgruppen segmentieren zu können. Während die AG.MA und AWA hauptsächlich das Mediennutzungsverhalten aufgrund demographischer Merkmale beschreiben, fließen Verhaltensmerkmale bei Studien wie der Verbraucher Analyse (VA) der Bauer Verlagsgruppe und Axel Springer AG oder der Typologie der Wünsche (TdW) von Huber Burda Media in die Untersuchungsgrundlage ein. Die VA segmentiert Verbraucher nach deren Konsumverhalten, deren Besitzmerkmalen, ihrem Freizeitverhalten sowie nach psychologischen und demographischen Merkmalen.[101] Die TdW bietet ebenfalls Analysepotentiale in Form von Merkmalen zur Beschreibung von Soziodemographie, Verhalten, Einstellungen, Kultur, Konsum und Mediennutzungsverhalten verschiedener Zielgruppen.[102] Anwender haben dabei die Möglichkeit, verdichtete Inhalte in Form von Faktoranalysen, Korrespondenzanalysen, Zielgruppen-Mapping oder Typologien vor dem Hintergrund individueller Analyseansprüche darstellen zu lassen.

---

[97] Vgl. Schreiber, Petra (2007), S.2
[98] Vgl. Freter, Hermann (2008), S.69
[99] Vgl. Freter, Hermann (2008), S.69
[100] Ebenda
[101] Vgl. Unger, Fritz et al. (2007), S.133
[102] Vgl. Institut für Medien- und Konsumentenforschung (2011)

Indessen untersucht die ARD/ZDF Langzeitstudie „Massenkommunikation" u.a. die Medien-nutzung und den Zusammenhang mit Lebenswelten der Sinus Milieus und kommt zu dem Ergebnis, dass unterschiedliche Mediennutzungsmotive in verschiedenen Milieus zu beobachten sind. Im Fazit stellt sich heraus, dass Radio und Fernsehen die Basismedien in allen Lebenswelten sind. Das Internet hat in den avantgardistischen Milieus der Performer und des expeditiven Milieus die höchste Reichweite. Tageszeitungen erreichen diese Milieus nur in geringem Maße und werden vor allem von den konservativen und traditionellen Milieus gelesen.[103]

Typologisierungen und Lebensstil-Konzepte sind weit verbreitet und es existiert eine Vielzahl an unterschiedlichen Theorien und Konzepten. Die Wissenschaft stellt sich immer wieder die Frage, ob Lebensstil-Konzepte bzw. Typologien ein validerer Ansatz als soziodemo-graphische Zielgruppensegmentierungen sind und die individuelle Mediennutzung angemes-sen abbilden können.[104] Die Annahme, dass sich Mediennutzung nach Alter oder Bildungs-stand der Nutzer kategorisieren lässt, ist längst nicht mehr zutreffend.[105] Zunehmend kann eine Unzufriedenheit mit bestehenden Segmentierungen beobachtet werden. Die schiere Fülle an Lebensstiltypologien, die durch psychographische Merkmale wie Werte, Einstellungen und Interessen angereichert werden, unterstreicht die Unübersichtlichkeit.[106]

Die Vergleichbarkeit der Typen stellt eine große Problematik dar. Aufgrund der Beschrei-bungsebenen ist der Vergleich nur schwer möglich und in der akademischen Forschung nicht einfach zu replizieren. Gerade die Auftraggeber der Markt-Media Studien bedienen sich unterschiedlicher Herangehensweisen und legen diese nur selten offen, was wiederum der wissenschaftstheoretischen Forderung nach intersubjektiver Nachvollziehbarkeit wiederspricht.[107] Unger et.al. (2007) hinterfragen dabei kritisch, „ob es überhaupt möglich ist, auf der Grundlage umfassender Media-Studien das relevante Verhalten ganz bestimm-ter Zielgruppen zu erfassen. Zielgruppen werden zunehmend gleichermaßen soziodemo-graphisch und psychologisch beschrieben. Eine Nutzung bestehender Media-Studien für das Marketing setzt voraus, daß sich Media-Studien finden, in denen die Nutzer nach exakt den gleichen Merkmalen beschrieben werden, nach denen auch die eigene Zielgrup-

---

[103] Vgl. Engel, Bernhard, Mai, Lothar (2010), S.571
[104] Vgl. Schreiber, Petra (2007), S.2
[105] Vgl. Baumann, Sabine (2011), S.75
[106] Vgl. Schreiber, Petra (2007), S.185f.
[107] Vgl. Schreiber, Petra (2007), S.3f.

pe beschrieben wird."[108] Die Befunde empirischer Studien belegen zwar, dass Persönlichkeitsmerkmale zur Erklärung des Mediennutzungsverhaltens generell geeignet sind. Persönlichkeitsmerkmale bilden jedoch subjektive Erfahrungshintergründe bzw. Sozialisationserfahrungen ab und bestimmen grundsätzlich die Art der Medienzuwendungen und -rezeption.[109]

Ingo Grosch erläutert zwar im Experteninterview, dass Milieuforschung für ihn alltäglich sei. Zur Zielgruppenbeschreibung würden jedoch mehrere Typologien, z.B. Sinus, Sigma Milieus, die TdW von Burda, Verbraucheranalyse von Springer, Morphologien und Lymbic Types, parallel herangezogen. In der Praxis erfolge eine Segmentierung nach Motivationen und Verfassungen einer Marke und dann erst der Abgleich mit dem relevanten Medienkontext.[110] Folglich geht es um den Vergleich zwischen Attributen einer Marke und den Motiven des Mediennutzers.

Für eine zielgerichtete Planung und Durchführung crossmedialer Kampagnen ist es von fundamentaler Bedeutung, die Mediennutzungsgewohnheiten der Zielgruppe zu kennen. Die Frage nach der Schwierigkeit, einzelne Milieus leichter auf gewisse (Ziel)-Medien lenken zu können, ist empirisch schwer nachweisbar. Dies liegt zum einen an der Vielzahl unterschiedlicher Milieudefinitionen, zum anderen an den ungenauen Grenzen zwischen den Milieus. Zudem ist es schwierig, Kontrollgruppen zu finden und ein vernünftiges Untersuchungsdesign aufzustellen. Diese Erkenntnis konnte von allen Interviewpartnern bestätigt werden. Milieuforschung kann unter Umständen ein sinnvolles Mittel sein, um eine Zielgruppe näher beschreiben zu können und die Bedürfnisse der Zielgruppe zu verstehen, ein direkter Bezug auf intermediäre Verweise und dementsprechende Vorlieben einzelner Milieus kann jedoch nicht hergestellt werden.

„Milieustrukturen sind schwierig in der Praxis umzusetzen"[111], hält Kerstin Jourdan von der ING-DiBa fest. Es gäbe Studien, die belegen, dass Persönlichkeitstypologien die Responsequote durch eine gezielte Ansprache erhöhen können. Am Beispiel der ING-DiBa gestalte sich dies jedoch als problematisch, da gerade Bankkunden einer Speicherung von Persönlichkeitsprofilen negativ gegenüberstünden. Zudem sei der monetäre Aufwand unverhält-

---

[108] Unger, Fritz et al. (2007), S.132
[109] Vgl. Schreiber, Petra (2007), S.185f.
[110] Vgl. Interview vom 20.05.2011 mit Ingo Grosch
[111] Interview vom 31.05.2011 mit Kerstin Jourdan

nismäßig.[112] Auch André Lutz nutzt mit seiner Agentur defacto kreativ GmbH einstellungs- und verhaltensbasierte Kriterien für die optimale Zielgruppenansprache.[113] Die Praktikabilität von Milieustudien sei auch für die Medienarbeit begrenzt. Das Konsum- und Medienverhalten werde von defacto durch die individuelle Beschreibung von Zielgruppen vorgenommen. Marco Fischer nutzt mit seiner Agentur Die Firma GmbH „Personas", um die Charakteristika der Zielpersonen realistisch zu beschreiben. Dabei sollen sowohl Lebensumfeld und Verhalten, als auch Bedürfnisse und Probleme einer Person abgebildet werden.[114]

Für Stephanie Carroux hingegen machen Milieueinteilungen dahingehend Sinn, dass jene Medien als Transportmittel für die Werbung genutzt werden sollen, welche die Zielgruppe vermehrt nutzt, d.h. wenn ein intermediärer Verweis auf ein Medium erfolgt, welches sich im „Relevant Set" der Informationsbeschaffung der Zielgruppe befindet.[115] Jedoch sieht auch sie die Problematik, dass mittlerweile die Strukturen verschwimmen und es eine Überschneidung der Mediennutzung innerhalb der verschiedenen Milieus gibt.[116]

Die Ergebnisse aus den Experteninterviews und die Erkenntnisse aus der Fachliteratur zeigen dabei, dass es für eine geeignete Zielgruppenansprache zwingend notwendig ist, das Mediennutzungsverhalten der Zielgruppe zu kennen. In welcher Form dies geschieht, ist dabei zweitrangig. Dies unterstreicht einschlägige Fachliteratur zum Thema Markt- und Kundensegmentierung. Die jeweiligen Segmentierungskriterien sind in der Fachliteratur dabei einer Fülle an Kategorien zugeordnet.[117]

Aus der Praxis der Agenturen gesehen ist die Zielgruppensegmentierung kundenabhängig. Martin Bauer der Agentur Wunderman hält dazu fest: „Ob das Milieus oder Nutzertypologien sind, da sind wir flexibel."[118] Festgehalten werden kann, dass es eine allgemeingültige Lösung der Zielgruppenproblematik bislang nicht gibt und unterschiedliche Ansätze in der Praxis gewählt werden können, die jeweilige Zielgruppe sinnvoll einzugrenzen. Ob dies anhand wissenschaftlicher Milieustrukturen oder eigens gefundener Cluster geschieht, bleibt dem jeweiligen Nutzer überlassen und erfolgt nach jeweiligen Praktikabilitätskriterien. Eine

---

[112] Vgl. Interview vom 31.05.2011 mit Kerstin Jourdan
[113] Vgl. Interview vom 18.05.2011 mit André Lutz
[114] Vgl. Interview vom 08.06.2011 mit Marco Fischer, Die Firma GmbH
[115] Vgl. Interview vom 01.06.2011 mit Stephanie Carroux
[116] Ebenda
[117] Vgl. Freter, Hermann (2008): Überblick gängiger Markt- und Kundensegmentierungsansätze.
[118] Interview vom 30.05.2011 mit Martin Bauer

Betrachtung der jeweiligen Nutzungsmotive sollte im Hinblick auf die crossmediale Steuerung in jedem Fall erfolgen, da unterschiedliche Rezipienten verschiedene Nutzungsmotive wie z.B. Informationsgewinnung vs. Unterhaltungswert haben und dementsprechend durch crossmediale Angebote gezielter gelenkt werden können.[119]

4.3 Wandel der Mediennutzung und Bedeutung für Crossmedia

Die Veränderung des Mediennutzungsverhaltens der Konsumenten wird in einschlägigen Fachartikeln wiederholt antizipiert.[120] Zum einen sind hier die Individualisierung der Mediennutzung durch neue Medien zu nennen und zum anderen das, zu hohen Streuverlusten führende, Überangebot an Werbeinformationen in diversen Medien.[121] Zunehmend wird daher eine Wirksamkeitsprüfung der einzelnen Medien gefordert.[122]

Das Internet hat sich dabei im vergangenen Jahrzehnt als dynamischster Bereich der Medienentwicklung abgezeichnet.[123] Digitale Angebote sind aus der crossmedialen Kampagnenplanung heutzutage kaum mehr wegzudenken. Vielmehr kann Crossmedia auch als „Resultat der Digitalisierung im Medienbereich"[124] bezeichnet werden. Es beschreibt ein Zusammenwachsen von einst getrennten Plattformen, die Koordination von Themen im Journalismus, die multimediale Produktion und das vernetzte Publizieren der Medienprodukte in vielen Kanälen. Das Internet ist als Medium der Zukunft omnipräsent.[125]

Prof. Dr. Ralf Hohlfeld, Inhaber des Lehrstuhls für Kommunikationswissenschaften an der Universität Passau, stellt die These auf, dass Medienhistoriker in naher Zukunft das Jahr 2010 als Jahr Null einer neuen Zeitrechnung festhalten werden.[126] Dabei stellt Hohlfeld fest, dass „die Kreuzung von internetfähigen Mobiltelefonen und mobilen Klein-Computern, die in Tablet-Rechnern ihre vorläufige Gestalt gewonnen haben, […] die evolutionäre Verschmelzung von interpersonaler und öffentlicher Kommunikation, die

---

[119] Vgl. Gestmann, Michael (2010), S.51
[120] z.B. Van Eimeren Birgit, Frees, Beate (2009); Frees, Beate, Fisch, Martin (2011)
[121] Vgl. Gleich, Uli (2003), S.510
[122] Vgl. Interview vom 20.05.2011 mit Boris Lakowski
[123] Vgl. Oehmichen, Ekkehardt, Schröter, Christian (2008), S.394
[124] Hohlfeld, Ralf (2010), S.11
[125] Vgl. Hohlfeld, Ralf (2010), S.11
[126] Hohlfeld, Ralf (2010), S.11 S.20

besonders durch das Social Web[127] seit Beginn des 21. Jahrhunderts eingeleitet wurde, eine Zeitwende im Prozess des Medienwandels herbeigeführt" [128] [hat].

Seit dem Jahr 1970 hat die parallele Mediennutzung tagesaktueller Medien signifikant zugenommen. In 2010 waren es bereits 37 Minuten täglich.[129] Dabei lässt sich diese Steigerung vor allem auf das Medium Internet zurückführen. Radio als ideales Begleitmedium wirkt eher im Hintergrund und dient zudem als Impulsgeber für die Internet-Nutzung. „Die Radiokampagnen haben sich als besonders effektiv für Online-Kampagnen herausgestellt."[130] Diese Entwicklung unterstreicht die Forderung nach crossmedialer Vernetzung. Der Konsument kann durch die zunehmende Parallelnutzung an unterschiedlichen Touchpoints abgeholt werden und intensiver in den Dialog gebracht werden.

Die ARD/ZDF-Langzeitstudie „Massenkommunikation"[131] hält dennoch fest, dass Fernsehen und Radio in der deutschsprachigen Bevölkerung ab 14 Jahren nach wie vor den höchsten Stellenwert aller Medien besitzen, obwohl sich das Internet in den vergangenen Jahren stark entwickelt hat. [132] Gerade bei jüngeren Zielgruppen „bildet das Internet zusammen mit Fernsehen und Hörfunk ein Spitzentrio, das 2010 in Bezug auf Tagesreichweite und Nutzungsdauer eng beisammen lag".[133]

Seit 2001 führt die Initiative D21 e.V. in Zusammenarbeit mit TNS Infratest eine Untersuchung der digitalen Gesellschaft durch, welche die Nutzung und Nichtnutzung des Internet, Informationen zu Onlinern und Offlinern sowie einen Nutzungsplaner in Deutschland und demographische Strukturen/geographische Verteilungen beinhaltet.[134] Aus dieser Studie geht hervor, dass 72% der Deutschen Online Medien nutzen. Außerdem gibt es einen großen Zuwachs bei den über 60 Jährigen. Bei den über 50 Jährigen ist dagegen erst jeder zweite online. [135] Die Nutzerzahlen variieren dabei zwischen den verschiedenen Studien, welches ursächlich an der unterschiedlichen Herangehensweise und dem zugrundeliegenden Untersu-

---

[127] Das Web 2.0 wird aufgrund des Community Charakters sehr oft auch als Social Web oder Mitmach-Netz bezeichnet.
[128] Hohlfeld, Ralf (2010), S.20
[129] Vgl. Seemann, Wolfgang, in: W&V, 14/2011, S.86
[130] Seemann, Wolfgang, in: W&V, 14/2011, S.88
[131] Die Langzeitstudie Massenkommunikation ist eine Studie der ARD/ZDF-Medienkommission und wird seit dem Jahr 1964 und ab 1970 im fünfjährigen Turnus durchgeführt.
[132] Vgl. Best, Stefanie, Breunig, Christian (2011), S.16
[133] Eimeren, Birgit, Ridder, Christa-Maria (2011), S.14
[134] Vgl. Initiative D21 e.V., TNS Infratest Holding GmbH & Co.KG (2010)
[135] Vgl. Ebenda, S.5

chungsdesign liegt. Andere Quellen nennen zum Beispiel, dass 81% der Deutschen das Internet nutzen würden.[136] Das Web lebt vom Grundgedankten Crossmedia – wie kein anderes Medium gilt es als Sinnbild der inhaltlichen Mehrfachverwertung.[137] Das geänderte Mediennutzungsverhalten führt auch dazu, dass manche Zielgruppen nicht mehr mit klassischen Kanälen erreicht werden können. [138] Gerade diese Veränderung des Mediennutzungsverhaltens hin zu den digitalen Kanälen kann als große Chance für die Ausschöpfung von synergetischen Effekten mittels crossmedialer Vernetzung bezeichnet werden.

4.4 Web 2.0

Das Web 2.0 bietet neuartige Möglichkeiten für Werbetreibende.[139] Wichtigste Komponenten des Web 2.0 sind der Plattformcharakter, Mobilität, offene Schnittstellen, Open Source und kollektive Intelligenz mittels User Generated Content (UGC), was deutlich die Prämissen des Dialogmarketing fördert. Martin Oetting spricht nicht zuletzt deshalb vom „Mitmach-Internet".[140] Nicht nur können sich Botschaften viel schneller ausbreiten, auch die Bereitschaft zur aktiven Teilhabe an Kommunikation in Foren, Chats oder Social Communities steigt fortwährend.[141] Das Web 2.0 kann folglich als Revolution für das Dialogmarketing bezeichnet werden, weil es einen intensiven Dialog mit dem Kunden ermöglicht. [142] Dies führt konsequenterweise zu unumgänglichen Herausforderung für Werbetreibende (vgl. Kapitel 7.2).

Frees/Fisch (2010) resümieren als Ergebnis der ZDF-Studie Community 2010 mit Schwerpunkt Facebook, dass von einer Revolution der Informationsvermittlung im Web 2.0 zwar bisweilen noch nicht gesprochen werden könne. Jedoch entstehen gerade für klassische Medienanbieter neue Chancen, da sie „sehr häufig Lieferant von Informationen, die in Communitys genutzt, verteilt oder kommuniziert werden"[143] [sind]. Klassische Kommunikation könne dabei eigene Inhalte in sozialen Netzwerken aktiv, z. B. über Fanseiten streuen und damit einen Mehrwert für

---

[136] Vgl. Schneller, Johannes (2010)
[137] Vgl. Hohlfeld, Ralf (2010), S.328
[138] Vgl. Interview vom 30.05.2011 mit Martin Bauer
[139] Die Bezeichnung Web 2.0 lässt sich auf den Internetexperten Tim O'Reilly zurückführen, welcher im Jahr 2004 zusammen mit MediaLive International eine Konferenz über den Wandel des Internet unter dem Vorzeichen des Crash der New Economy mit dem Titel Web 2.0 veranstaltete. Web 2.0 beschreibt demnach das Vielfältige Zusammenspiel zwischen technischen und sozialen Entwicklungen innerhalb des Internets und der Gesellschaft, vgl. Holland, Heinrich (2009), S.93
[140] Oetting, Martin (2007), http://www.connectedmarketing.de/
[141] Vgl. Safko, Lon, Brake, David (2009), S.6f.
[142] Vgl. Oetting, Martin (2006), S.173f.
[143] Frees, Beate, Fisch, Martin (2010), S.164

den Konsumenten erzeugen. Auch postulieren Frees und Fisch, dass die Bedeutung der Netzwerke steigen und sie zu einem „All-in-one-Medium" würden. [144]

Die Wichtigkeit der digitalen Kanäle wird durchwegs ebenso von allen Experten unterstrichen. Dabei kommt dem Thema Social Media laut Expertenmeinungen zunehmend eine tragendere Rolle zu. „Gespräche sind mittlerweile Teil der crossmedialen Inszenierung geworden."[145] Selbst Traditionsmarken müssen sich den neuen Medien bzw. Kanälen öffnen. [146]

Als Quintessenz des vierten Kapitels kann festgehalten werden, dass eine Einteilung in Milieus in Hinblick auf die Mediennutzung durchaus berechtigt scheint. In der Praxis lässt sich jedoch feststellen, dass meist mit individuellen Zielgruppensegmentierungen gearbeitet wird. „Die Zukunft der Kommunikation gehört solchen hoch professionell gesteuerten crossmedialen Kampagnen, die sich sehr genau an der Zielgruppe orientieren"[147], ganz gleich, ob Nutzertypologien, Milieus oder individuelle Zielgruppensegmentierung die Beschreibungsgrundlage bilden.

Der Wandel der Mediennutzung konnte in diesem Kontext durch relevante Studien herausgearbeitet werden. [148] Dahingehend konnte dargestellt werden, dass durch den Wandel zu digitalen Medien eine Modifikation der Kommunikation erforderlich ist. Folglich kann die Forschungshypothese I bestätigt werden. Der Wandel des Mediennutzungsverhaltens verändert nachhaltig die Kommunikation und damit das crossmediale Dialogmarketing. Zusammenfassend liefert Tabelle 2 einen Überblick der herangezogenen Studien der Mediennutzungsforschung.

---

[144] Vgl. Ebenda
[145] Interview vom 08.06.2011 mit Marco Fischer, Die Firma GmbH
[146] Vgl. Interview vom 30.05.2011 mit Martin Bauer
[147] Steinke, Arnold (2008), S. 83f.
[148] Als weiterführende Literatur zum Medienwandel soll das Buch: Krone, Jan (Hrsg.): Medienwandel kompakt 2008–2010, Schlaglichter der Veränderung in Medienökonomie, -politik, -recht und Journalismus – ausgewählte Netzveröffentlichungen, Baden-Baden, 2011 Erwähnung finden. Dieses Sammelwerk verschiedener Diskussionsbeiträge greift den Medienwandel der Jahre 2008-2010 auf und liefert einen ungefilterten Einblick in die einschneidenden Umbrüche der Medienlandschaft sowie die Auswirkungen der Digitalisierung auf vielfältige Bereiche der Kommunikation.

Nr	Name der Studie	Auftraggeber	Untersuchungs-zeitraum/Er-scheinungsjahr	Zentrale Untersuchungsgebiete	Weitere Aussagen
1	(N) ONLINER Atlas 2010 - Eine Topographie des digitalen Grabens durch Deutschland	Initiative D21 - TNS Infratest und Sponsoren	26.Februar - 29.Mai.2010	Digitale Gesellschaft, Nutzung und Nichtnutzung des Internet, Seit 2001 Informationen zu Onlinern, Offlinern, demographischen Strukturen/geographische Verteilung	72% der Deutschen sind Online - Großer Zuwachs bei den über 60 Jährigen - erst jeder 2. über 50 ist Online, 80% Männer, 65% Frauen
2	ACTA 2010 - Zukunftstrends im Internet	Institut für Demoskopie Allensbach	Oktober 2010	81% der Deutschen nutzen Internet	**Zunehmende Kontaktdichte**: Personen mit denen täglich oder mehrmals täglich im Internet oder Handy in Kontakt: 43%/67%, Chatten (Bevölkerung gesamt 44% / unter 30jährige 75%), Kontakte knüpfen: 36/64, Mitglied einer Community: 31/ 62
3	AGOF Berichtsband zur Internet facts 2010-II + Internet facts 2011-II	AGOF	1.April - 30.Juni 2010 + Mai 2011	Demographische Merkmale von Online Nutzern werden untersucht, Daten zur Internetnutzung und Verbreitung, Reichweiten von Vermarktern werden ausgewiesen	Ziel der Studie ist es, die Nutzung des Werbeträgers Internet medienadäquat abzubilden, um die Kommunikationsleistung dieses Mediums transparent zu machen. Erhebung von Netto-Reichweiten und detaillierte Beschreibung von Zielgruppen für alle Werbeträger-angebote sowie Belegungseinheiten auf Basis der Grundgesamtheit: deutsche Wohnbevölkerung ab 14 Jahren.
4	ARD/ZDF Online Studie 2009: Der Internetnutzer 2009 – multimedial und total vernetzt?	Van Eimeren / Frees / ARD/ZDF	April 2009	Aktuelle Internetentwicklung in Deutschland ist – anders als in den letzten Jahren – weniger durch die wachsende Internetverbreitung als durch die zunehmende Einbindung des Internets in den **Alltag** der Menschen gekennzeichnet.	Nutzungsverhalten: Kommunikation im Web: 39% , Foren, Chats, Onlinecommunitys Onliner Anteil in der Bevölkerung von 66,6%, 43,2 Mio. Erwachsene in Deutschland
5	ARD/ZDF Online Studie 2010: Web 2.0: Nutzung steigt – Interesse an aktiver Teilhabe sinkt	Busemann / Gscheidle/ ARD/ZDF	2010	E-Mail bleibt wichtigste Kommunikationsanwendung im Internet Kommunikation ist der zentrale Nutzungsaspekt im Internet Private Communities boomen weiterhin	Kommunikation und Beziehungspflege sind die Hauptnutzungsmotive innerhalb privater Communities. Die Nutzerschaft von Web 2.0 Anwendungen wächst. Web 2.0 Anwendungen werden zur Unterhaltung und Information genutzt.
6	Die deutsche Internetwirtschaft 2009–2012 – Überblick, Trends und Treiber	Verband der deutschen Internetwirt-schaft e. V. und Arthur D. Little	Mai 2009 - August 2009	Studie erfasst erstmals anhand des ADL – eco Schichtenmodell systematisch die deutsche Internetwirtschaft - Umfang, Größe als auch wichtige Indikatoren zur zukünftigen Entwicklung der Teilmärkte. Außerdem die **Auswirkungen des sich ändernden Nutzungsverhaltens**. Die Evolution in der Internetnutzung stellt das Marketing von Unternehmen jeder Art vor große **Herausforderungen**, bietet aber Wachstumschancen im On- und Offline-Marketing. „**Performance-Marketing**" – ist vor dem Hintergrund schrumpfender Budgets Gewinner der Krise.	Gegenwärtig werden Werbekanäle ausgebaut, deren Leistung klar gemessen werden können. Dies wiederum wird zur Hinterfragung einzelner Werbeflächen hinsichtlich ihrer Leistung führen, da Werbetreibende sehen wollen, wie ihre Ausgaben mit mehr Umsatz verknüpft werden können. Letztlich werden die Werbebudgets entsprechend neu aufteilen: weniger Geld für herkömmliche Medien (Print, TV und Radio), mehr Geld für Performance-Marketing. **Empfehlungsmarketing** wird immer wichtiger. Vor dem Hintergrund der Dezentralisierung von Content und Kommunikation der Zielgruppen müssen Unternehmen verstehen, **wo die Zielgruppen sind** und wie mit diesem Wissen umzugehen ist. Während Unternehmen bislang Markentempel im Internet errichteten, müssen sie zukünftig dort agieren, wo sich auch ihre Kunden aufhalten.
7	Digitale Gesellschaft - Die digitale Gesellschaft in Deutschland - Sechs Nutzertypen im Vergleich	TNS Infratest - Initiative D21	12.10.2010 - 13.10.2010	Die deutsch sprachige Bevölkerung wurde analytisch in Nutzertypologien segmentiert: **digitale Außenseiter, Gelegenheitsnutzer, Berufsnutzer, Trendnutzer, digitale Profis, digitale Avantgarde**	Der Anteil der "digital Souveränen" steigt von 26% auf 37%. Allerdings sind 63% bislang noch nicht in der digitalen Gesellschaft angekommen. Die "Trendnutzer" verzeichnen einen Zuwachs von 11% auf 20%. Trotzdem noch 28% "digitale Außenseiter".
8	Digitalisierungsbericht 2010 Rundfunk im Zeichen des Internets, Strukturen und Akteure im Wandel	ZAK	20.Mai - 28.Juni 2010	Rundfunk und Internet - Der sechste Digitalisierungsbericht der Landesmedienanstalten sieht die Entwicklung in Deutschland auf einem guten Weg.	Mit über 23 Millionen Haushalten hat sich die Zahl derer mit digitalem Fernsehempfang seit dem Jahr 2005 verdreifacht. Damit verfügen über 61% der Fernsehhaushalte über einen digitalen Zugang.
9	How to Create a Smarter Advertising Mix in 2011	Nielsen/ Yahoo!	2010	59% of consumers watch TV and use Internet **simultaneously**. Time spent online has grown significantly in the last few years.	The best way to achieve maximum reach in all four campaigns was to distribute the media **budget across more than one platform rather than directing it all towards a single media**. At a certain point it makes more sense to put money to other media (more effective) - otherwise delivering additional reach will stop.
10	Innovation der Medien - Web 2.0 verwöhnte Konsumenten zwingen Medienanbieter zum Umbau ihrer Geschäftsmodelle	IBM Global Business Services / ZEM Bonn	11/2006 - 05/2007	Wandel der Mediennutzung: **Medienkonsum** der Konsu-menten hat sich **verändert**. Für mehr als die Hälfte der Befragten ist das Internet das wichtigste Informationsmedium. Fernsehen verkommt zum "Nebenbeimedium". Das Internet wird das neue **Leitmedium der jungen Generation**. Akzeptanz für Werbung im TV schwindet.	Zeitalter der "**Prosumenten**" - Nutzer gestalten und entwickeln mediale Angebote. Spaß am Austausch als Hauptmotiv für aktive Partizipation. Machtverschiebungen zwischen den Teilnehmern der Wertschöpfungskette für Werbung sowie die Evolution der Aufmerksamkeit stellen signifikante Chancen dar für neue Geschäftsmodelle.
11	Medien to go – was unterwegs ankommt Studie zur mobilen Mediennutzung gestern, heute und morgen	TNS Emnid Medien-und Sozialfor-schung GmbH	Januar 2010	Die mobile Nutzung von Radio, Audioportalen, Fernsehen und Video-Webseiten hat deutlich erkennbare Zukunftspotentiale.	Das **Handy** als mobiler Empfangsweg ist das Gerät mit der meisten Zukunft. Der Wunsch nach der mobilen Nutzung von Fernsehen und Video-Webseiten über Handy ist ausgeprägter als über das Notebook –trotz des kleinen Displays. Möglicherweise kann hier das Ipad punkten.
12	Mobile Effects 2011: Wohin geht die digitale Reise?	Tomorrow Focus Media	Jan 11	Nutzertypen: Heavy-User, Selective-User	90% nutzt ein Mobiltelefon. Ein Fünftel ruft Websites und E-Mails über Mobiltelefon ab. Über 30% planen die Nutzung in 2011.
13	Naviagator 03 - Implizite Wahrnehmung	SevenOne Media GmbH, Unterföhring / Enigma GfK	19.11. bis 15.12.2008	Fakten zur unbewussten Wahrnehmung von Werbung. Die Macht des Unbewussten. Die geheime Reichweite. Psychologie der Nebenbeinutzung. "Mere exposure - Effekt" - was häufiger gesehen wird, wird häufiger gemocht. **Parallelnutzung** hat sehr starke Wirkungseffekte: "geheime Reichweite".	Nebenbeinutzung von TV ist kein Minderheitenphänomen. Viele Menschen nutzen den Fernseher heute wie früher das Radio. Als Hintergrundtapete, als Geräuschkulisse, als Partnerersatz. Über 70% der Bevölkerung lassen immer, häufig oder manchmal den Fernseher laufen, während sie sich eigentlich mit etwas anderem beschäftigen. Implizit wahrgenommene Werbung wirkt sehr stark.
14	Navigator 04 - Mediennutzung 2010	SevenOne Media GmbH, Unterföhring / Enigma GfK	Frühjahr 2002 bis Frühjahr 2010	Umfassende Bestandsaufnahme der **Mediennutzung in Deutschland 2010**. Ergebnisse unterschiedlicher morpho-logischer und experimenteller Verfahren liefern Aufschluss über Verhaltensmuster, Nutzungsmotivation und die Bedeutung von Medien im täglichen Leben. Studie identifiziert **5 Online Nutzertypen**: Online-Shopper (33%), Besucher von Communities (22%), Information-orientierte Nutzer (18%), unterhaltungsorientierte Nutzer (16%) und kommunikationsorien-tierte Nutzer (11%). **Parallelnutzung TV/Internet nimmt zu**	TV weiterhin das Medium mit höchster Nutzungsdauer. Mediennutzung in der s.g. "**Liquid Modernity**" --> mobiles Internet gibt uneingeschränkte Bewegungsfreiheit während TV Halt und Schutz zuhause bietet. Auch bei jungen Zielgruppen wird das Internet die klassischen Medien nicht ersetzen. Jedes Medium bietet Vor- und Nachteile --> **Medienmiteinander**. 42% der TV Nutzer surft zumindest ab und zu beim Fernsehen im Internet. Bei den 14- bis 29-Jährigen sind es sogar 65%. Online Seiten Aufruf nach Moderationshinweis **steigt messbar!** Gerade für die duale Ansprache ergibt sich daraus eine Reihe von **Chancen**. Denn mithilfe eines entsprechenden Verweises im Fernsehen kann das Internet als zusätzliche Verlängerung genutzt werden.
15	TdW - Typologie der Wünsche 2011	IMUK	2011	**Zielgruppenmodelle, Medien, Marken und Produkte, TdW Dialog**	Auf Basis von Merkmalen der TdW können Dialogzielgruppen in die crossmediale Kampagnenplanung eingebunden werden. Verbindung der Markt-Media-Studie TdW und Microdialogdatenbank der Deutschen Post AG. Integration durch Fraunhofer Institut (Software Tool).
16	The Digital Day - Mediennutzung 2011	Tomorrow Focus Media	Oktober 2010	Digitale Medien werden sehr intensiv genutzt - der Parallelnutzungsgrad anderer Medien ist verhältnismäßig gering!	**Parallelnutzung** des Internet ist sehr häufig: 34,8% bei TV / 46% bei Radio Über 80% nutzen die mobile Internet < 1 h täglich Werbung im Internet wird wahrgenommen und ist vergleichbar mit der Wahrnehmung von TV
17	Verbraucheranalyse	Axel Springer AG / Bauer Media AG	ab 2009	Die VerbraucherAnalyse (VA) ermöglicht ab Herbst 2011 erstmals die Berechnung der **Crossmedia-Reichweiten** (Print und Online) von zehn regionalen Tageszeitungen.	Seit der VA 2009 ist erstmals **Crossmediaplanung** möglich: Reichweiten, Page-Impressions und Online-Medien – auf Basis umfassender Zielgruppeninformationen zu rund 650 Produktbereichen und 1.800 Marken.

Tab. 2: Studien zur Mediennutzungsforschung
Quelle: Selbsterstellte Grafik, Deutsche Post AG, Direkt Marketing Monitor 2004
2007, Dialog Marketing Monitor 2008-2011

5. Crossmedia Forschung

Um Forschungshypothese II zu untersuchen, wird im Folgenden der Frage nach der Wirkung crossmedialer Kampagnen nachgegangen. Dazu wird das theoretische Gerüst der Crossmedia-Wirkungsforschung erörtert und mit den Ergebnissen relevanter Studien renommierter Marktforschungsinstitute abgeglichen. In diesem Kontext erfolgt eine Verdichtung des in den Studien dargestellten Forschungsstandes, um daraufhin die Hypothese theoretisch-inhaltlich auf Validität überprüfen zu können. Gestützt wird die Untersuchung außerdem durch die qualitative Analyse der Experteninterviews.

5.1 Theoretische Erklärungskonzepte

Zunächst ist es notwendig, die theoretische Grundlage crossmedialer Wirkung zu erfassen. Allgemein lässt sich der Wirkungsprozess von Werbung zeiträumlich betrachtet gut in Werbewirkungskurven abbilden. Überschreiten die Kontaktzahlen einen bestimmten Schwellenpunkt, so führt dies zu erhöhter Werbewirkung. Dieser Punkt wird in der Literatur als „Wearing-point" bezeichnet.[149] Allerdings besteht auch die Gefahr eines „Wearout–Effektes", also eines absoluten Rückgangs der Werbewirkung ab einem bestimmten Punkt.[150]

Die Methoden der Werbewirkungsforschung lassen sich grob in zwei Kategorien strukturieren. Eine Kategorie kann als „psychologische Werbewirkung" bezeichnet werden, während die andere mit „ökonomischem Werbeerfolg" betitelt werden kann. Die erste Kategorie impliziert eine Wirkung auf konativer, kognitiver und emotionaler Ebene und umfasst solche Dimensionen wie Markenbekanntheit, Werbeerinnerung, Kaufbereitschaft, Emotionen, Involvement, Liking, Aktivierung. Ökonomischer Werbeerfolg basiert hingegen auf „harten Faktoren" wie ROI, Umsatz oder Absatz.[151]

---

[149] Vgl. Esch, Franz-Rudolf (2011), S.147
[150] Ebenda
[151] Vgl. Pusler, Michael (2011), S.57

Der Mehrwert von mehrkanaliger Ansprache mittels crossmedialer Vernetzung lässt sich durch die Kommunikationspsychologie erklären. Zu nennen sind in diesem Zusammenhang Ansätze aus der Schematheorie, welche eingebettet ist in die Grundlagen der Lerntheorie, die ihrerseits eine Erklärung von Verhaltensweisen anhand von Lernprozessen liefert.[152] Schemata haben nachweislich einen Einfluss des Rezipienten auf die Informationsaufnahme, -verarbeitung und –speicherung und können damit Aufmerksamkeitsgewinnungsprozesse verdeutlichen.[153]

Unternehmen haben unter Berücksichtigung dieser Erkenntnisse die Möglichkeit, durch eine gezielte Aussteuerung der Kommunikationsmaßnahmen Konsumenten zu beeinflussen. Der Transfer hin zur Integrierten Kommunikation und damit die crossmediale Vernetzung gelingt dahingehend, dass durch den Aufbau von Gedächtnisstrukturen mittels Schemata eine vernetzte multikanale Ansprache Erinnerungseffekte und Lerneffekte hervorrufen kann und folglich in einer besseren Wirkung, als dies bei einer eindimensionale Ansprache der Fall wäre, resultiert.[154] Unterstützend wirken dabei die Interaktivität, Personalisierung und intensive Ansprache aus den Prämissen des Dialogmarketing.

Darüber hinausgehend bieten die Gestaltungsgesetze der Gestaltungspsychologie theoretische Erläuterungen der Wirkungsketten von crossmedialer Kommunikation.[155] Die duale Kodierung bezeichnet einen Prozess, bei dem Informationen am besten abgespeichert werden können, wenn sie zeitnah bildlich und sprachlich übermittelt werden.[156] Übertragen auf crossmediale Kampagnen und damit das Gestaltungsprinzip der besonderen inhaltlichen und formalen Verknüpfungen, kann die mehrkanalige Ansprache zu einem Synergieeffekt führen.

Der Mere-Exposure Effekt ist ein Erklärungsansatz für die Wirkung von Kommunikation.[157] Er antizipiert eine positivere Bewertung eines Sachverhalts durch das alleinige Erhöhen der Präsenz eines Stimulus. Dass durch klassische Konditionierung mittels wiederkehrender Stimuli Inhalte vom menschlichen Gehirn besser verknüpft werden können, wurde schon im Pawlo'schen Experiment der klassischen Konditionierung aus

---

[152] Vgl. Bruhn, Manfred (2009), S.50
[153] Ebenda
[154] Vgl. Burst, Michael, Schmitt-Walter, Nikolaus (2003), S.13
[155] Vgl. Kroeber-Riel, Werner (1993a), S.138
[156] Vgl. Burst, Michael, Schmitt-Walter, Nikolaus (2003), S.13
[157] Vgl. Bruhn, Manfred (2009), S.62

dem Jahr 1905 nachgewiesen. Aus diesem Ansatz kann die Tatsache abgeleitet werden, dass crossmediale Kommunikation und damit formale und inhaltliche Integration der Stimuli durch die häufigere Wahrnehmung eine positivere Bewertung durch den Rezipienten erfährt und ein Lerneffekt eintritt.[158]

Ein weiteres Modell liefert das Tannenbaum-Experiment aus dem Jahr 1967. Der amerikanische Forscher Percy H. Tannenbaum veröffentlichte als einer der ersten Forscher im Jahr 1967 die Vorteile einer multikanalen Ansprache gegenüber eindimensionaler Kommunikation. In den Experimenten konnte die beste Wirkungssteigerung dann erlangt werden, wenn eine Botschaft sowohl in leicht variierter Weise, als auch aus verschiedenen Quellen vermittelt wurde.[159]

Das Elaboration Likelihood Model (ELM) ist ein Modell der „Cognitive-Response"-Forschung nach Petty und Cacioppo aus dem Jahr 1988 und beschreibt die Beeinflussung bzw. Informationsverarbeitung des Konsumenten auf zweifache Art und Weise, dem zentralen Weg der Beeinflussung und dem peripheren Weg der Beeinflussung. Folgt der Rezipient gemäß dem High-Involvement Prinzip dem zentralen Weg der Beeinflussung, setzt er sich aktiv und intensiv mit einem Medium oder einem Stimulus eines Mediums auseinander. Auf der peripheren Route hingegen kann es zwar zu einer Wirkung kommen, diese ist jedoch „von höchst labiler Natur und nur solange wirksam, als die Botschaft [stetig von Werbetreibenden] erinnert wird".[160] Häufig ist das Involvement aber niedrig, weil die Botschaft nur geringe Aufmerksamkeit erzeugt. In diesem Falle entscheidend sind so genannte periphere Reize, welche die Meinung der Rezipienten über das Produkt beeinflussen können und letztendlich entscheiden, ob sich ein Kaufwunsch entwickelt.[161]

Dies stützt die Forderung des Dialogmarketing bzw. des Eingangs vorgeschlagenen forschungsleitenden Modells (siehe Kapitel 1). Nur wenn der Konsument positiv und stark involviert ist, ist er bereit für eine Einstellungsänderung und es kann eine langfristig stabile Kommunikationswirkung bzw. eine Wirkungsverstärkung erzielt werden.

---

[158] Vgl. Kroeber-Riel, Werner (1993a), S.150
[159] Vgl. Unger, Fritz (1993), S.11
[160] Unger, Fritz (1993), S.16
[161] Vgl. Gleich, Uli (2009b), S.267

Sämtliche theoretischen Konstrukte unterstreichen den Mehrwert von crossmedialer Vernetzung. Folglich scheint eine Vernetzung der Medien in Hinblick auf die multiple Ansprache höchst wirksam zu sein, wenn ein starkes Involvement mit dem beworbenen Produkt oder der beworbenen Dienstleistung erzielt werden kann. Dies stützt die Forderung nach einer crossmedialen Vernetzung im Dialogmarketing, da hier ein starker Fokus auf die langfristige und intensive Interaktion mit dem Konsumenten gelegt wird.

5.2 Auswertung der Studienergebnisse zur crossmedialen Wirkungsforschung

Die vorangegangenen Erklärungsansätze postulieren bereits deutlich den Mehrwert von crossmedialer Vernetzung. Um die theoretischen Konstrukte einem Stresstest auszusetzten, wurden relevante Studien herangezogen und theoretisch-inhaltlich verdichtet.

Naik/Peters (2009) erläutern in einem wissenschaftlichen Aufsatz in der Fachzeitschrift „Journal of Interactive Marketing" ein Modell der synergetischen Wirkung der Vernetzung von Online und Offline Medien. Das Modell erklärt sowohl intermediäre, als auch crossmediale Effekte. Diese Effekte können weiter quantifiziert werden und Vorschläge für die optimale Allokation des Mediabudgets liefern. Naik und Peters kommen zu der Erkenntnis, dass Online Werbung dabei die intermediären Synergien der Offline Medien stärken kann.[162]

Gestmann (2009) untersuchte in seiner Dissertation crossmediale Wirkungsbedingungen sowohl auf Medien-, als auch auf Rezipientenseite. Dabei führte er eine verdeckte Feldstudie durch, in deren Rahmen insgesamt 50 Pressemitteilungen, Best-Practice-Beiträge und Ratgebertexte jeweils mit einem Hinweis auf einen kostenfreien Onlinetest veröffentlicht wurden. [163] Die Ergebnisse belegen, dass Rezipienten Onlineverweise nutzen und sich insbesondere durch Best-Practice-Artikel und Pressemitteilungen sehr erfolgreich zu einem Zielmedium lenken lassen. Neben Medienfaktoren können Rezipientenmerkmale die crossmedialen Wirkungen erhöhen oder verringern.[164]

---

[162] Vgl. Naik, Prasad, Peters, Kay (2009), S.297
[163] Vgl. Gestmann, Michael (2009), S.271f.
[164] Ebenda

Die Wirkung einer crossmedialen Vernetzung von TV und Online wurde von Gruner und Jahr im Jahr 2003 in einer Untersuchung belegt. Dabei stellte sich heraus, dass die Verlängerung von TV Kampagnen ins Internet die Wirksamkeit der Kampagnen erheblich steigern konnte – auch wenn das Online-Budget nur einen Bruchteil des Gesamtbudgets ausmachte.[165] Diese Erkenntnis unterstreicht die Mediaexpertin Helma Finkenauer-Linnerth im Experteninterview vom 27.Mai 2011. Die TV – Online Kombination sei sehr wirkungsvoll. Beide Medien würden sich gegenseitig befruchten. Online verlängere dabei die Kette, weil es auch ermöglicht, dauerhaft in den Dialog zu treten.[166]

Die Online Visions Studie 2010 der pilot checkpoint GmbH bekräftigt, dass bei identischem Budget TV und Online gemeinsam besser wirken als TV allein.[167] Beide Medien ergänzen sich ideal; TV sorge für schnelle Bekanntheit und Aufmerksamkeit – also Reichweite - während Online zu einer intensiveren Auseinandersetzung mit der Marke führe.

Sinnvoll vernetzte Kampagnen sind nachweisbar in der Lage, eine höhere Werbewirkung zu erzielen. Der Mehrwert bzw. Synergieeffekt erklärt sich durch die intensivere Auseinandersetzung mit den Werbemitteln und die damit einhergehende tiefere Informationsverarbeitung.[168] Der Mediavermarkter SevenOne Media hält fest, dass die Verlinkung und die Zielgruppenübergabe von einem zum anderen Medium die Reichweite und die Wahrnehmung des Zielmediums nachweislich erhöht. Der Medienwechsel erfolge dabei sowohl unmittelbar als auch zeitversetzt. Des Weiteren verringern sich Streuverluste, während sich gleichzeitig Zielgruppenanteile, Markenbekanntheit, Werbeerinnerung, die Imagewerte der Marke und letztendlich auch die Kaufbereitschaft des Konsumenten erhöhen.[169]

Eine Fallstudie der Spiegel Gruppe stellt fest, dass bei einem crossmedialen Kontakt die Erinnerung an die Online-Werbung deutlich höher ist als bei dem Mono-Online-Kontakt mit der Kampagne. Auch die Printkampagne wurde häufiger wiedererkannt, wenn diese im Rahmen crossmedialer Kommunikation platziert wurde. Das Markenbild sowie die Kaufbereitschaft konnten durch die Crossmedia-Kampagne ebenfalls deutlich verbessert werden.[170]

---

[165] Vgl. Gruner + Jahr AG & Co KG, G+J Media Sales (2003), S.54f.
[166] Vgl. Interview vom 27.05.2011 mit Helma Finkenauer-Linnerth
[167] Vgl. pilot checkpoint GmbH (2010), S.37
[168] Vgl. Burst, Michael, Schmitt-Walter, Nikolaus (2003), S.39f.
[169] Ebenda
[170] Vgl. SPIEGEL-Verlag (2004)

Im Rahmen des Forschungsprogramms „Dynamic Logic's CrossMedia Research" wurden 27 Kampagnen anhand der Kennzahl OTS[171] (opportunity to see) ausgewertet und jeweils geprüft, welche Unterschiede und Effekte bei Rezipienten zu beobachten sind, die nur Fernsehwerbung bzw. eine Kombination aus Fernseh- und Internetwerbung gesehen hatten. Mittels Daten einer Nullmessung einer Kontrollgruppe im Vorfeld konnten Rückschlüsse auf Wirkungsindizes wie Markenbekanntheit (Awareness), Produktbeurteilung und Kaufintension gezogen werden. Im Ergebnis stellte sich deutlich heraus, dass die ungestützte ebenso wie die gestützte Markenbekanntheit durch crossmediale Ansprache gegenüber der Kontrollgruppe anstieg.[172]

Unger et.al. (2002) halten fest, dass die Kombination gleichermaßen reichweitenstarker Mediagattungen zu einer Wirkungssteigerung der Werbung führe.[173] Die positiven Effekte von Klassik-Kampagnen in Verbindung mit Online seien empirisch belegt.[174] Aus den hier betrachteten Studien lässt sich zusammenfassend feststellen, dass eine crossmediale Vernetzung wirkt. Die Auswertung der Studien, unterstützt durch Aussagen der Experten, bestätigt folglich Hypothese II. Die crossmediale Integration von Online und Offline Medien im Dialogmarketing führt zu einer Wirkungsverstärkung. Das Resultat sind messbare ökonomische Variablen und eine psychologische Wirkung. Aus den validierten Hypothesen I und II gilt damit der Wirkungsplan des forschungsleitenden Modells:

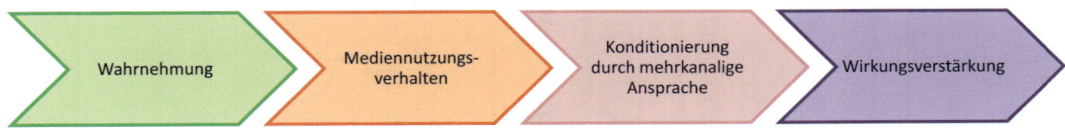

Abb. 6: Validierter Wirkungsplan des forschungsleitenden Modells
Quelle: Selbsterstellte Grafik

---

[171] Kenngröße, welche die Kontaktwahrscheinlichkeit einer Person mit einem Werbeträger ausdrückt.
[172] Vgl. Gleich, Uli, 2009a, S.41
[173] Vgl. Unger, Fritz (2002), S.350
[174] Vgl. Stradtmann, Philipp, Kurt, Katharina (2004), S.1

Einen Überblick der wichtigsten Ergebnisse der Studien liefert Tabelle 3.

Nr	Name der Studie	Auftraggeber	Untersuchungs-zeitraum/Er-scheinungsjahr	Zentrale Untersuchungsgebiete	Weitere Aussagen
1	A Hierarchical Marketing Communications Model of Online and Offline Media Synergies	Prasad A. Naik & Kay Peters	2009	The authors developed a new hierarchical model of online and offline advertising. The model incorporates within-media synergies and cross-media synergies and allows higher-order interactions among various media. They estimate media effectiveness as well as the within- and cross-media synergies of offline (television, print, and radio) and online (banners and search ads) using market data for a car brand. Further, they show that both types of synergies - within-media (i.e., intra-offline) and cross-media (online - offline) exist. Additionally, they show how within- and cross-media synergies boost the total media budget and online spending due to synergies of the online media with various offline media.	The proposed hierarchical synergy model explicitly incorporates within- and cross-media synergies, providing a framework to investigate more complex natures of media synergy effects. Moreover, **offline–online synergies exist and can be quantified.** To estimate both the media effectiveness as well as within- and cross-media synergies using market data, managers can apply the proposed model and estimation approach. Further, normative insights on how the overall media budget and its allocation changes in the presence of higher-order synergies have been provided. Finally, the findings indicate that collaborative orientation begets **growth in online** advertising because it reinforces not only the effectiveness, but also **within-media synergies amongst various offline media.**
2	Crossmedia Case Study Spiegel Gruppe - Samsung	Samsung/ Spiegel Gruppe	Dezember 2003 - Februar 2004	Mittels einer crossmedial angelegte Kampagne sollten sich produktaffine Personen über das Internet mit der Thematik LCD TV von SAMSUNG befassen. Samsung sponserte mit verschiedenen Werbemitteln ein redaktionelles Special zum Thema „Home Entertainment" auf SPIEGEL ONLINE. Zusätzliche co-branded Teaserflächen auf der Homepage und in der Rubrik Kultur verlinkten zum Special. Ausserdem in SPIEGEL Heft 02/04 eine co-branded 1/1 Anzeige mit Hinweis auf das gesponserte Home Entertainment-Special.	Die crossmediale Kommunikation über **Print und Online verstärkt die Werbewirkung** der einzelnen Werbemittel. Bei Crossmedia-Kontakt ist die Erinnerung an die Online-Werbung von SAMSUNG deutlich höher als bei Mono-Online-Kontakt mit der Kampagne. Auch die Printkampagne wird häufiger wiedererkannt, wenn Crossmedia-Werbekontakt bestand, als bei ausschließlichem Kontakt mit der Print-Kampagne. Das **Markenbild sowie die Kaufbereitschaft** konnten durch die Crossmedia-Kampagne ebenfalls deutlich verbessert werden.
3	Crossmediale Wirkung - Eine empirische medienpsychologische Untersuchung	Dissertation Michael Gestmann, Uni Köln, 2009	2007-2009	Um die crossmedialen Wirkungsbedingungen auf Medien- als auch auf Rezipienten Seite zu ermitteln, wurde eine verdeckte Feldstudie durchgeführt, in deren Rahmen insgesamt 50 Pressemitteilungen, Best-Practice-Beiträge und Ratgebertexte jeweils mit einem Hinweis auf einen kostenfreien Onlinetest veröffentlicht wurden	Die Ergebnisse belegen, dass Rezipienten Onlineverweise nutzen und sich insbesondere durch Best-Practice-Artikel und Pressemitteilungen **sehr erfolgreich zu einem Zielmedium lenken lassen.** Neben den Medienfaktoren können Rezipienten Merkmale die crossmedialen Wirkungen erhöhen oder verringern. Die Ergebnisse dieser Arbeit ermöglichen neue Einsichten bezüglich des Zusammenwirkens von Medien- und Rezipienten Merkmalen im Kontext **crossmedialer Wirkungen,** die nicht nur für die Medienpsychologie relevant sind, sondern ebenso für die Kommunikationswissenschaften und die Publizistik.
4	G+J die blaue reihe - WAS WIRKT WIE? Werbewirkung 2003	Gruner+Jahr Electronic Media Sales (EMS)	2003	Ziel der Studie ist den Einfluss von Online-Kampagnen auf wichtige Werbewirkungsdimensionen wie Bekanntheit oder Image der jeweiligen beworbenen Marken zu erheben.	Crossmedia TV/Online – praktikabel und erfolgreich: Die Verlängerung von TV Kampagnen ins Internet kann die Bekanntheit und das Image steigern – auch wenn das Online-Budget nur einen Bruchteil des Gesamtbudgets ausmacht. Print und Online – eine optimale Ergänzung. Die Alfa-Romeo-Studie beweist den Erfolg des Crossmedia-Ansatzes: Kampagnen, die auf inhaltlich und zeitlich abgestimmte Kommunikationsmaßnahmen in Print- und Online-Medien setzen, können **Multiplikator-Effekte** erzielen, die durch einkanalige Ansprache nicht möglich sind.
5	ONLINE VISIONS 2010 TV-Online Doubleplay: das optimale Zusammenspiel	pilot checkpoint GmbH	2009	**Fazit Media: Bei identischem Budget wirken TV und Online gemeinsam besser als TV allein. Beide Medien ergänzen sich ideal - TV sorgt für schnelle Bekanntheit und Aufmerksamkeit. - Online führt zu einer intensiveren Auseinandersetzung mit der Marke.** Im Bereich Media existiert im Gegensatz zu der technisch exakten Aussteuerbarkeit von Online-Werbekampagnen ein großer Nachholbedarf an Wissen gegenüber den klassischen Medien (vor allem TV und Print). Dies gilt besonders bei Fragen der (crossmedialen) Werbewirkung sowie bei grundsätzlichen Media-Planungsparametern (z.B. Optimierung der Werbekontaktdosis).	Dieser „Knowledge-Gap" führt dazu, dass der Online-Anteil am Werbemarkt zwar jährlich deutlich wächst, Online jedoch immer noch von vielen werbungtreibenden Unternehmen als optionales Ergänzungsmedium angesehen wird, auf das auch ganz verzichtet werden kann. Die Werbung muss vielfältige Rezeptions-Situationen stärker berücksichtigen. Die Stimmung bestimmt Werbewirkung. Werbung wirkt am besten, wenn sie auf unterschiedliche Stimmungstypen unterschiedlich abgestimmt ist. Werbeumfeld und Werbemotiv müssen zusammen passen Die beste Werbewirksamkeit erzielen die getesteten Branding-Kampagnen bei 4–6 Kontakten pro Monat. Eine hohe Website-Loyalität führt zu einer besseren Werbewirkung.
6	Vernetzte Kommunikation - Werbewirkung crossmedialer Kampagnen	SevenOne Media GmbH, Unterföhring	2003	**Sinnvoll vernetzte Kampagnen sind nachweisbar in der Lage, eine höhere Werbewirkung** zu erzielen. Der Mehrwert bzw. Synergieeffekt erklärt sich durch die intensivere Auseinandersetzung mit den Werbemitteln und die damit einhergehende **tiefere Informationsverarbeitung.** Der Verweis von einem zum anderen Medium erhöht dabei die **Reichweite und die Wahrnehmung des Zielmediums.** Diese generellen Wirkungsmuster gelten in erster Linie für Kampagnen, bei denen **TV als Lead-Medium und Online als Zielmedium** eingesetzt wird. Bei dieser Kombination ergänzen sich die Stärken der Werbeträger ideal.	1. Die Verlinkung und die Zielgruppenübergabe von einem zum anderen Medium erhöhen die **Reichweite** und die Wahrnehmung des Zielmediums. Der Medienwechsel erfolgt dabei sowohl unmittelbar als auch zeitversetzt. 2. Die Medienvernetzung **verringert die Streuverluste** und erhöht den Zielgruppenanteil. 3. Eine vernetzte Kampagne führt zu einer deutlichen Steigerung der Marken-bekanntheit und Werbeerinnerung im Vergleich zur Einzelwirkung jedes Mediums. 4. Mehrfachkontakte mit einer vernetzten Kampagne führen zu besseren **Bekanntheits- und Erinnerungswerten** als Mehrfachkontakte mit einer Mediamix-Kampagne. 5. Der Nachweis des Synergieeffekts zeigt sich in der deutlichen Steigerung der detaillierten Werbeerinnerung [z. B. Slogan, Motiv, Kernbotschaft]. 6. Vernetzte Kampagnen steigern die **Kaufbereitschaft** bzw. Handlungsabsicht. 7. Vernetzte Kampagnen verbessern die **Imagewerte** der Marke.

Tab. 3: Studien zur Crossmedia Forschung Teil 1
Quelle: Selbsterstellte Grafik, Deutsche Post AG, Direkt Marketing
Monitor 2004-2007, Dialog Marketing Monitor 2008-2011

Zwar lässt sich die Forschungshypothese II grundsätzlich dahingehend validieren, dass Crossmedia generell wirkt, jedoch sollten die Studienergebnisse differenziert betrachtet werden. Als grundlegende Problematik crossmedialer Wirkungsmessung müssen die Studien der Medienindustrie genannt werden. Durch die Vermarktung von crossmedialen Plattformen (z.B. G+J, SevenOne Media, Tomorrow Focus Sales GmbH) ergeben sich höchst effiziente Einnahmequellen und eine Bindung an eben diese Anbieter. Dies birgt die Frage nach der absoluten Neutralität der Wirkungsstudien. Im Zuge der Recherche wurden jedoch auch einige rein wissenschaftliche Belege der crossmedialen Wirkung gefunden, welche hauptsächlich als Bestärkung der eingangs gestellten Hypothese gelten und Grund für eine Verifizierung der Wirkung von Crossmedia liefern.

5.3 Die crossmediale Reichweite

Als eine der größten Herausforderung crossmedialer Wirkungsmessung lässt sich die exakte Zurechenbarkeit von Werbung und Wirkung nennen. Dabei wird in der medialen Fachsprache oft das Phänomen der „internen und externen Überschneidungen" als Problemfeld genannt.[175]

Die Debatte um die Grundlage für eine Crossmedia-Werbeplanung ist nach wie vor groß. Hierbei geht es vor allem darum, die Überschneidungen bei der Nutzung mehrerer Medien und Kanäle aufzuzeigen und zu dokumentieren. Die AG.MA plant im Laufe des Jahres 2012 ein neues Konzept der integrierten Reichweitenmessung der Öffentlichkeit zu präsentieren.[176] Die Verbraucher Analyse verspricht, dass seit der VA 2009 erstmals Crossmediaplanung möglich sei. Dabei könnten Reichweiten, Page-Impressions und Online-Medien auf Basis umfassender Zielgruppeninformationen zu rund 650 Produktbereichen und 1.800 Marken ausgewertet werden.[177] Die Verbraucher Analyse ermöglicht zudem ab Herbst 2011 erstmals die Berechnung der Crossmedia-Reichweiten (Print und Online) von zehn regionalen Tageszeitungen.[178]

Die Thematik der crossmedialen Reichweite wird in der Praxis sehr kontrovers diskutiert. Festzuhalten bleibt, dass die crossmediale Reichweite hochgradig komplexe mathematische Konstrukte mit hohem Abstraktionsgrad bedeutet. Die Überschneidungseffekte sind in der Praxis nicht einfach herausrechenbar.[179] Explizit gefordert wird jedoch, dass in Zukunft eine „einheitliche Währung"[180] geschaffen werden muss. Helma Finkenauer-Linnerth prognostiziert indessen, dass es eine wirklich „verlässliche Reichweite über alle Medien hinweg nie wirklich geben wird. Man wird immer Überlappungen feststellen und es wäre viel zu teuer, so etwas bis in das feinste Detail zu messen. Es wird immer über Rechenmodelle laufen."[181] Trotzdem können die Bemühungen, eine einheitliche Währung für Crossmedia zu finden, als positiv gesehen werden. Nur wenn Marketers den wirklichen Mehrwert einer crossmedialen Vernetzung erkennen, werden solche Kampagnen vermehrt angedacht werden. Eine kennzahlengestützte Plan- und Steuerbarkeit würde indessen eine Rechtfertigung für Budgetallokationen positiv unterstützen.

---

[175] Vgl. Unger, Fritz et al. (2002), S.75f.
[176] Vgl. Pimpl, Roland, in: HORIZONT 6/2011, S.13
[177] Vgl. Axel Springer AG (2009)
[178] Vgl. Axel Springer AG (2010)
[179] Vgl. Interview vom 31.05.2011 mit Kerstin Jourdan
[180] Vgl. Interview vom 18.05.2011 mit André Lutz
[181] Interview vom 27.05.2011 mit Helma Finkenauer-Linnerth

6. Crossmediale Planung und Erfolgskontrolle im Dialogmarketing

Das Ziel strategischer Managemententscheidungen ist, den langfristigen Erfolg eines Unternehmens zu sichern. Funktionsbereichsstrategien umfassen dabei die operative Seite der Organisation und damit die Frage, wie die jeweiligen Organisationseinheiten die vorhandenen Ressourcen, Prozesse und Mitarbeiter einsetzen und koordinieren, um die Unternehmensstrategie effektiv umzusetzen.[182] Crossmediales Dialogmarketing verlangt in diesem Zusammenhang ein Höchstmaß an organisatorischer Planung, da eine übergreifende Vernetzung stattfinden muss. Aufgrund der Komplexität von crossmedialen Kampagnen fordert die Praxis ein funktionierendes Kampagnenmanagement, das Richtlinien für die Kanäle, Prozesse und Aufgabenverteilungen klar definiert.[183] Sorgfältig abgestimmte Agenturnetzwerke sind dabei ebenso gefragt wie eine nachhaltige Integration neuer Kanäle wie Social Media.[184]

Die operative Planung zur Operationalisierung der Strategie beinhaltet Ziele und Maßnahmen, welche einzelnen Organisationsbereiche obliegen und von diesen umgesetzt werden sollen.[185] Crossmediale Kampagnen, als Teilgebiet von integrierter Kommunikation fordern von der Organisation, die Ressourcen und Aktivitäten sämtlicher relevanter Aktivitäten integrieren und koordinieren zu können.[186] Eine Voraussetzung dafür ist, dass die Organisation bzw. Organisationsstruktur dementsprechend aufgestellt ist. Eine crossmediale Vernetzung von Dialogmaßnahmen muss überhaupt erst angedacht werden können. Gerade aber diese Bedingung wird von den befragten Experten als Haupthindernis gesehen. Diese und weitere Hindernisse werden näher in Kapitel 7.1 beleuchtet.

Die Planung einer crossmedialen Dialogmarketing-Kampagne sollte auf Grundlage zuvor definierter Prozessschritte erfolgen, um eine effiziente Verzahnung zu gewährleisten. Abb.7 zeigt solch einen Prozess der Planung und Realisierung einer crossmedialen Dialogmarketing-Kampagne.

---

[182] Vgl. Johnson, Gerry et al. (2011), S.28
[183] Vgl. Interview vom 31.05.2011 mit Kerstin Jourdan
[184] Vgl. Interview vom 01.06.2011 mit Stephanie Carroux
[185] Vgl. Hungenberg, Harald (2008), S.380f.
[186] Vgl. Johnson, Gerry et al. (2011), S.625

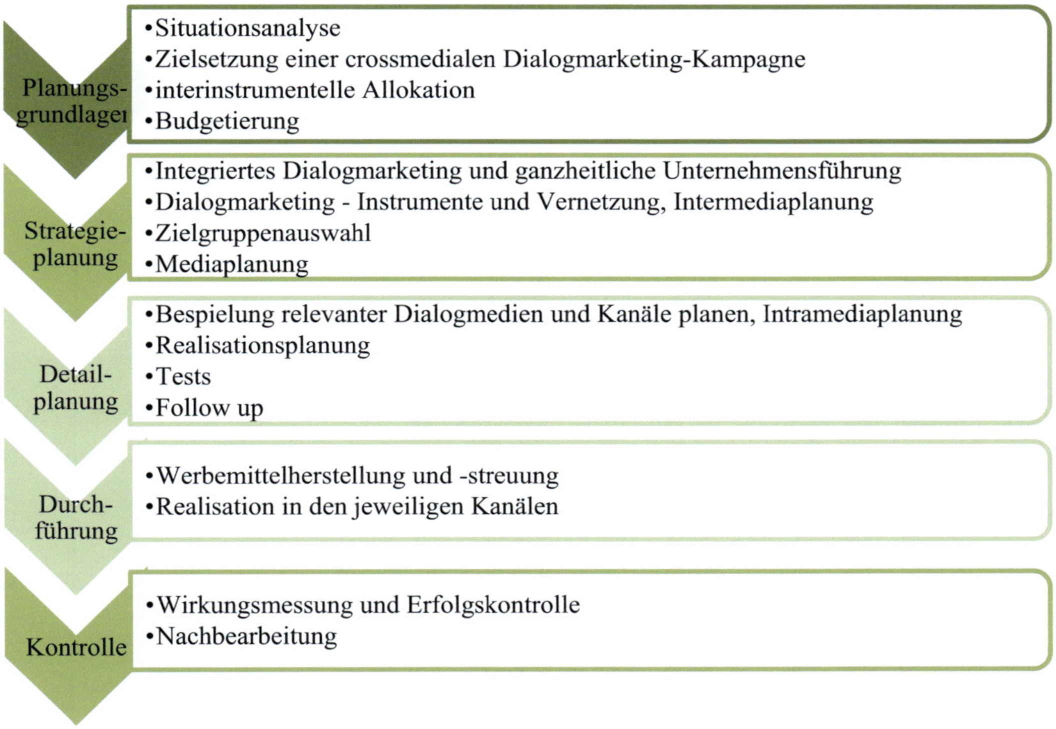

Planungs-grundlagen	• Situationsanalyse • Zielsetzung einer crossmedialen Dialogmarketing-Kampagne • interinstrumentelle Allokation • Budgetierung
Strategie-planung	• Integriertes Dialogmarketing und ganzheitliche Unternehmensführung • Dialogmarketing - Instrumente und Vernetzung, Intermediaplanung • Zielgruppenauswahl • Mediaplanung
Detail-planung	• Bespielung relevanter Dialogmedien und Kanäle planen, Intramediaplanung • Realisationsplanung • Tests • Follow up
Durch-führung	• Werbemittelherstellung und -streuung • Realisation in den jeweiligen Kanälen
Kontrolle	• Wirkungsmessung und Erfolgskontrolle • Nachbearbeitung

Abb. 7: Phasen einer crossmedialen Dialogmarketing Kampagne
Quelle: Selbsterstellte Grafik, in Anlehnung an: Holland, Heinrich (2009), S.23

Neben einer genauen Situationsanalyse und anschließender Zieldefinition sind weitere wichtige Teilschritte und Meilensteine bei der crossmedialen Kampagnenplanung zu beachten. Die Strategieplanung umfasst u.a. eine umfassende Mediaplanung. Um das optimale Medienangebot für die jeweilige Zielgruppe anbieten zu können, ist strukturiertes Vorgehen bei der Mediaplanung notwendig. Auch oder gerade für das crossmediale Kampagnenmanagement ist die Mediaplanung ein zentrales Aufgabengebiet. [187]

Die Detailplanung umfasst die Realisationsplanung in den Zielgruppenrelevanten Dialogmedien und Mediakanälen. Ebenso sollten Tests in die Planung aufgenommen werden, um anhand von Marktforschungsergebnissen getätigter Kampagnen Rückschlüsse auf künftige Verbesserungs- bzw. Optimierungspotentiale erhalten zu können.[188] Als Teil des strategischen Managements ist die strategische Kontrolle eine immens wichtige Führungsaufgabe.[189] In einem iterativen Prozess muss stetig geprüft werden, ob die eingesetzten Ressourcen den gewünschten Erfolg erzielten. Neben der Planung des Dialogmarketing

---

[187] Vgl. Unger, Fritz (2002), S.2f.
[188] Vgl. Interview vom 31.05.2011 mit Kerstin Jourdan
[189] Ebenda, S.405

müssen geeignete Prüf-, Kontroll- und Feedbackinstrumente regelmäßig eingesetzt werden.[190] Auf operativer Ebene sind dies i.d.R. Soll-Ist-Vergleiche anhand geeigneter Kennzahlen.[191]

Das operative Kommunikationscontrolling lässt sich zudem mittels drei Typen unterscheiden: der Prozesskontrolle, der Effektivitätskontrolle und der Effizienzkontrolle.[192] Bei der Prozesskontrolle geht es vorwiegend um die Frage der Integration der unterschiedlichen Disziplinen und Prozesse bei der crossmedialen Kampagnengestaltung. Cross-Impact Analysen und Scoring Modelle können dazu beitragen, Aufschluss über den Erfolg oder Misserfolg der crossmedialen Kampagnenplanung und das Ausmaß der Vernetzung auf Prozessebene zu geben. Hier kann für die Bewertung bspw. der Grad der Vernetzung ein hilfreiches Kriterium sein.[193]

Die Effektivitätskontrolle wiederum bezieht sich explizit auf die Wirkung der Kommunikation. Die Wirkungsmessung kann auf psychologischer wie auch ökonomischer Ebene erfolgen.[194] Eine integrative Analyse kann Aufschluss über die effektive Kombination der Trägermedien liefern. Die Effektivität einzelner Kommunikationskanäle zu messen lässt sich durch die Nutzung geeigneter Instrumente bewerkstelligen. Gerade im digitalen Bereich gibt es für Werbetreibende zahlreiche Tools, um die Kommunikationsintensität über das eigene Unternehmen oder dessen Produkte und Services zu messen. Beispielhaft sei hier in der Disziplin Online das Internet Monitoring oder Blogsearch genannt.

Relevante Kenngrößen lassen sich besonders im digitalen Bereich gut definieren. So können mittels Trackingverfahren u.a. Clickraten, Leads oder Conversion Rates bestimmt und Kenngrößen wie CPC (Cost per Click), CPO (Cost per Order) und „Anzahl qualifizierte Leads" - damit CPL (Cost per Lead) gebildet werden.[195] Maßnahmen im Dialomarketing sind durch Responseraten, Awareness, Cost per Mail, Cost per Call, Cost per Response, quantitativ gut messbar.[196] Ebenso lässt sich die Wirkung in Form von

---

[190] Vgl. Kotler, Philip, Bliemel, Friedhelm (2006), S.1273f.
[191] Ebenda
[192] Vgl. Bruhn, Manfred (2009), S.367
[193] Ebenda, S.373f.
[194] Vgl. Pfannenberg, Jörg et al. (2007)
[195] Vgl. Winkler, Jan (2010), S.10f.
[196] Vgl. Sigfried Vögele Insitut (2010), S.66

Interessentengenerierung, Absatz oder Neukundengewinnung bestimmen.[197] Üblich ist außerdem nach wie vor die Abrechnungsmethode über TKP (Tausender Kontakt Preis).

Wie in Kapitel 5.2 erwähnt ist die Wirkungsmessung crossmedialer Kampagnen ein komplexes Unterfangen. Während die Wirkung einzelner Kanäle relativ leicht messbar ist, gilt als besondere Herausforderung die Messung der Wirkung integrierter Kampagnen.[198] Eine Möglichkeit ist die in Kapitel 5.3 dargestellte crossmediale Reichweite, welche jedoch auch in der Praxis kontrovers diskutiert wird. Transferraten von einem zum anderen Medium wiederum sind gut messbar und geben einen Aufschluss über das Nutzungsverhalten der Kanäle durch den Nutzer. Dies bietet vor allem die Möglichkeit, zukünftige Kampagnen zu optimieren. In der Praxis werden z.B. eigens verschiedene URLs auf unterschiedlichen Medien platziert, um explizit deren Wirkung auf die erfolgreiche Lenkung von Zielkanälen getrennt zu prüfen. Auch unterschiedliche Telefonnummern dienen dem Tracking von Nutzerströmen.[199]

Die Effizienzkontrolle bezieht sich auf die Leistungsfähigkeit im ökonomischen Sinn, um die Wertigkeit des gesamten Kommunikationsprozesses in Bezug zum damit verbundenen Aufwand zu setzen.[200] Boris Lakowski statiert dazu plakativ: „Was bringt's und was hat's gekostet?"[201] Damit verbunden stellt sich die Frage, ob der vermeintliche Synergieeffekt der crossmedialen Kampagne den erhöhten Komplexitätsaufwand kompensiert. Hier sind im Rahmen der Effizienzkontrolle die Prozesskostenrechnung oder Total Cost of Ownership Rechnung nennenswerte Optionen, den Nutzen von Crossmedia zu kalkulieren.[202] Bruhn (2009) hält fest, dass es bei Maßeinheiten für den Kommunikationsnutzen vor allem an einheitlichen Definitionen mangelt und dadurch die Rechtfertigung von crossmedialen Kampagnen auf Effizienzseite erschwert.[203]

Die befragten Experten sind sich allesamt einig, dass Conversions eine gute Messgröße zur Steuerung von crossmedialen Kampagnen darstellen. Martin Bauer ist sich sicher, dass die größte Reichweite oder Response nichts nütze, wenn die Kampagne keinen Mehrumsatz

---

[197] Vgl. Holland, Heinrich (2009), S.443
[198] Vgl. Bruhn, Manfred (2009), S.391
[199] Vgl. Interview vom 31.05.2011 mit Kerstin Jourdan
[200] Vgl. Bruhn, Manfred (2009), S.394
[201] Interview vom 20.05.2011 mit Boris Lakowski
[202] Ebenda
[203] Vgl. Bruhn, Manfred (2009), S.395

generieren konnte.[204] „Letztendlich geht es darum, dass jemand vom Nichtwissenden zum Wissenden oder vom Nichtkäufer zum Käufer wird.“[205] Deshalb sind es vor allem „performanceorientierte Kenngrößen“, welche einen hohen praktischen Stellenwert haben. Mögliche Messungen funktionieren z.B. über ein 0-Messung einer Vergleichsgruppe und einem Abgleich mit Erfahrungswerten bei Messungen nach der Kampagne.[206]

Im Social Media Bereich wird es in der Zukunft vor allem um das Thema Empfehlungen gehen. Als Messgröße hat sich dabei schon heute der Net Promoter Score (NPS) etabliert, welcher angibt, mit welcher Wahrscheinlichkeit der Nutzer oder Konsument ein Produkt oder eine Dienstleistung weiterempfehlen wird.[207]

---

[204] Vgl. Interview vom 30.05.2011 mit Martin Bauer
[205] Interview vom 27.05.2011 mit Helma Finkenauer-Linnerth
[206] Vgl. Interview vom 18.05.2011 mit André Lutz
[207] Interview vom 08.06.2011 mit Marco Fischer, Die Firma GmbH

7. Hindernisse und Herausforderungen

Trotz des Nachweises der Wirkung von Crossmedia lässt sich absolut betrachtet eine Reduktion der Anzahl crossmedialer Kampagnen beobachten.[208] Obwohl Experten immer wieder den Trend zur crossmedialen Kommunikation als wichtigsten Treiber des Dialogmarketing bekräftigen, setzen bislang weniger als ein Viertel aller Unternehmen in Deutschland Crossmedia um.[209]

7.1 Hindernisse

Laut dem B2B Online Monitor 2011 liefert Crossmedia die richtige Antwort auf das sich permanent verändernde mediale Nutzen- und Konsumentenverhalten.[210] Sowohl in der Produkt-, als auch Markenkommunikation, bieten Crossmedia-Ansätze eine ideale Möglichkeit einer zielgruppengenau verzahnten Ansprache. Wichtig dabei ist die formale und inhaltliche Verknüpfung der Kommunikationskanäle, welche noch immer einen Hindernisgrund in der Praxis darstellt. Eine Barriere liegt dabei auf strategischer Ebene. Eine wirkliche Orchestrierung der Kanäle fällt gerade im B2B Bereich oftmals aufgrund mangelnden fachlichen Know-Hows schwer.[211] Es gibt einen deutlichen Handlungsbedarf bei der besseren Verknüpfung der Mediengattungen auf struktureller und konzeptioneller Ebene.[212]

Aus der Analyse der Direkt bzw. Dialog Marketing Studien der Deutschen Post AG geht hervor, dass einer der Haupthindernisse die Budgetfrage ist.[213] Auch ein Großteil der befragten Experten (fünf von acht) sehen Budgets als eine der größten Barrieren, wenn es um den Einsatz vernetzter Kommunikation geht. Einhergehend ist sich die Praxis einig, dass Cross-Media immer effizienter als einkanalig, aber heutzutage teilweise ein Luxus sei. „Die Frage ist einfach, kannst Du es Dir leisten?"[214]

---

[208] Vgl. Meinert, Marion (2008), S.78
[209] Vgl. Lebrenz, Silke, Lehmann, Heiko (2008), S.59f.
[210] Vgl. Die Firma GmbH (2011), S.5f.
[211] Vgl. Interview vom 08.06.2011 mit Marco Fischer, Die Firma GmbH
[212] Vgl. Bulletproof Media GmbH (2011), S.6
[213] Vgl. Deutsche Post AG, Direktmarketing Monitor 2004-2007, Dialogmarketing Monitor 2008-2011
[214] Vgl. Deutsche Post (2010), S.84

Übereinstimmend wird zudem das Thema Messbarkeit und der absolute Leistungsnachweis genannt. Als Grund wird das Fehlen genügender aussagekräftiger Daten über die Wirksamkeit bemängelt. Methodisch ist es tatsächlich schwierig, die Wirksamkeit crossmedialer Dialogkampagnen zu vergleichen (vgl. Kapitel 5.3). Hier lautet die Frage, ob „Eins plus Eins wirklich Drei ergibt (Robert Perl Agentur Icon Brand Navigation – Icon Added Value) oder doch 1,85"[215], weil sich die Zielgruppen überschneiden. Diese Hemmnisse unterstreicht eine Studie der Unica Corporation, welche zu der Erkenntnis gelangt, dass „integration of online and offline data is slowed by technical and financial concerns".[216] „Most notable is the lack of suitable metrics to measure impact, ROI and value to the advertiser."[217] Die folgende Grafik verdeutlicht die Studienergebnisse der Unica Corporation. Bei der Untersuchung lautete die zentrale Fragestellung: Welches sind Ihre größten Barrieren bei der Integration von Online und Offline Daten? Dabei wurden US-amerikanische sowie europäische Manager befragt.

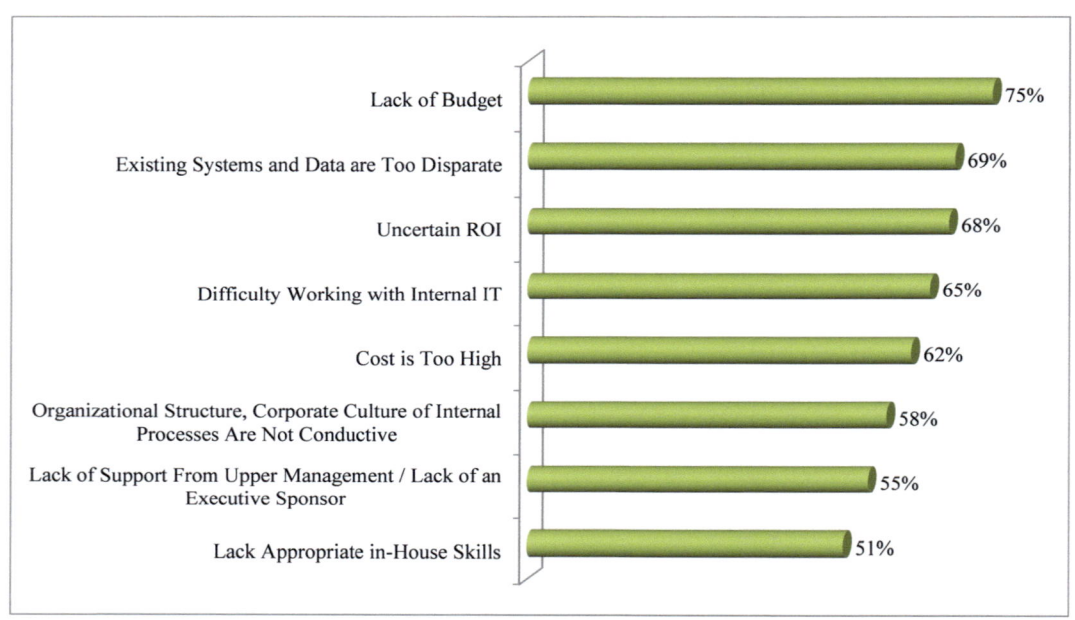

Abb. 8: Studienergebnisse Unica Corporation
Quelle: Selbsterstellte Grafik, in Anlehnung an: Unica Corporation (2010)

Die ING-DiBa wendet die crossmediale Vernetzung der Kanäle mittlerweile standardmäßig an.[218] Crossmedia ist Teil der Marketingstrategie. Nach Ansicht von Kerstin Jourdan wird die Zurückhaltung anderer Unternehmen darin vermutet, dass sich viele die Frage stellen, ob „es

---

[215] Meinert, Marion (2008), S.77f.
[216] Unica Corporation (2010), S.8
[217] Eyeblaster Inc., TNS (2009)
[218] Vgl. Interview vom 31.05.2011 mit Kerstin Jourdan

tatsächlich mehr bringt, wenn als Vorlauf Klassik und Online geschaltet wird, um mit einem Mailing darauf aufzubauen oder ob nicht die Response eines Mailings genauso viel gebracht hätte".[219] Dies sei einer der Hauptgründe für die Zurückhaltung. Boris Lakowski unterstreicht diese Einschätzung mit der Aussage: „der fehlende Glaube [der Unternehmen] an die Wirkung".[220]

Die Experten nennen als weiterer Hindernisgrund organisatorische Gründe. Integrierte Kommunikation und damit crossmediale Vernetzung erfordern ein hohes Maß an strategischer Planung im Vorfeld sowie interdisziplinärer Abstimmung während der Durchführung. Dabei ist es notwendig, dass die Kanäle in einem hohen Maße aufeinander abgestimmt und vernetzt sind. Oftmals werden die jeweiligen Kanäle in den Unternehmen aber von unterschiedlichen Einheiten, d.h. Spezialisten oder Channel Managern mit eigener Budgetverantwortung, organisiert.[221] Damit scheitert der Wille nach Vernetzung meist schon auf strategischer Ebene. Die autarke Verantwortung einzelner Disziplinen führt dann dazu, dass einzelne Kanäle für sich optimiert werden, eine gesamtheitliche Optimierung aus Sicht der Zielgruppe jedoch nicht erfolgt.[222]

Auch das Thesenpapier „Hamburger Crossmedia Initiative" (vgl. Kapitel 3) kommt zu der Erkenntnis, dass der Grund für den fehlenden Einsatz crossmedialer Kommunikation vor allem am Mangel abteilungsübergreifender Zusammenarbeit und dem nicht verstandenen Adaptionsgedanken liegt. Gefordert wird deshalb, dass Abschied von standardisierten Kampagnen genommen werden soll. Außerdem stehen Themen wie „eine neue Generation von Generalisten in der Kommunikationsbranche, eine Gewährleistung der Messbarkeit über alle Medien und eine Abkehr vom „One-fits-all-Gedanken" auf der Agenda der Mediaverantwortlichen.[223]

André Lutz impliziert, dass eine Vernetzung hauptsächlich aufgrund „fehlender Medienneutralität"[224] scheitert. Jede Spezialagentur beanspruche und verteidige den jeweiligen Kanal und erschwere somit eine Multi-Channel Vernetzung. Auf Seiten der Unternehmen liege es oftmals an der stark ausgeprägten „Abteilungsdenke", welche Crossmedia behindere.[225] Viele

---

[219] Vgl. Interview vom 31.05.2011 mit Kerstin Jourdan
[220] Interview vom 20.05.2011 mit Boris Lakowski
[221] Vgl. Interview vom 01.06.2011 mit Stephanie Carroux
[222] Vgl. Interview vom 18.05.2011 mit André Lutz
[223] Vgl. Scharrer, Jürgen, in: HORIZONT 22/2011, S.20nm,
[224] Interview vom 18.05.2011 mit André Lutz
[225] Vgl. Interview vom 20.05.2011 mit Boris Lakowski

Unternehmen seien auch heute noch linienförmig organisiert und unterliegen somit langen Entscheidungswegen.[226] Für eine funktionierende crossmediale Dialogmarketing Kampagnenführung sind Content aus dem Produktmanagement, Daten der IT, Eventkommunikation und ein funktionierendes CRM-System notwendig und zeitnah aufeinander abzustimmen.[227] Viele Unternehmen seien jedoch stark von einer „Silodenke"[228] geprägt.

Im B2B Bereich liege es der Ansicht von Marco Fischer nach nicht nur an der Medienneutralität, sondern auch an der Medienkompetenz und dem Know-How der Mitarbeiter.[229] Im B2C Bereich sei die Medienkompetenz oftmals fundierter, allerdings gäbe es auch dort „immer wieder groß angelegte und crossmedial gedachte Kampagnen, die schlecht ausgesteuert und nicht konsequent umgesetzt sind."[230] Vor allem im Bereich Social Media lasse sich eine fehlende Kompetenz in Hinblick auf die Integration bisweilen feststellen.

Die Komplexität von crossmedialen Kampagnen liefert hier ein weiteres Hindernis. Helma Finkenauer-Linnerth, Expertin der Mediabranche, nennt neben dem Aufwand crossmedialer Kampagnen auch den zunehmenden Leistungs- und Zeitdruck sowie Kosten- und Effizienzdruck, dem sich viele Marketer ausgesetzt sehen. „Damit fehlt die Chance kreativ zu sein."[231] Im Allgemeinen sind in der Praxis gerade bei größeren Unternehmen oftmals mehrere Agenturen für eine Crossmedia Kampagne eines Unternehmens zuständig, was die Komplexität der Organisation um ein Vielfaches erhöht.[232]

Wilsberg (2008) kommt zu der Auffassung, dass sinnvoll vernetzte Kampagnen durchaus und nachweisbar in der Lage sind, eine höhere Werbewirkung zu erzielen.[233] Als Problem sieht jedoch auch er, dass crossmediale Vernetzung meist operativ oft an Grenzen stoße; der zeitlicher Aufwand, die Kostenintensität, fachliche und inhaltliche Kompetenz bei Unternehmen und Agenturen seien die wichtigsten nennenswerten Hindernisse in diesem Zusammenhang.[234] Die Darstellung in Tabelle 4 liefert einen verdichteten Gesamtüberblick zentraler Erkenntnisse der Hindernisse von Crossmedia aus den zugrundeliegenden Studien.

---

[226] Vgl. Interview vom 18.05.2011 mit André Lutz
[227] Ebenda
[228] Interview vom 20.05.2011 mit Boris Lakowski
[229] Interview am 08.06.2011 mit Marco Fischer, Die Firma GmbH
[230] Vgl. Ebenda
[231] Interview vom 27.05.2011 mit Helma Finkenauer-Linnerth
[232] Vgl. Stradtmann, Philipp, Kurt, Katharina (2004), S.9
[233] Vgl. Wilsberg, Klaus (2008), S.22f.
[234] Vgl. Wilsberg, Klaus (2008), S.22f.

Nr	Name der Studie	Auftraggeber	Untersuchungs-zeitraum/Er-scheinungsjahr	Zentrale Untersuchungsgebiete	Weitere Aussagen
1	B2B Online Monitor 2011 - Klartext im Internet: Verantwortlichkeit zwischen Wunsch und Wirklichkeit	Die Firma GmbH	18. Oktober - 20. November 2010	"Crossmedia ist die richtige Antwort auf das sich permanent verändernde mediale Nutzen- und Konsumentenverhalten." Sowohl im Produkt- als auch in der Markenkommunikation bieten Crossmedia-Ansätze, insbesondere für kleinere Budgets, eine ideale Möglichkeit für die zielgruppengenau verzahnte Ansprache. Wichtig dabei ist die formale und inhaltliche Verknüpfung der Kanäle.	Hier ergeben sich enorme Effizienzpotentiale, die quantitativ und qualitativ optimal auf den Kommunikationserfolg einzahlen können." Rene Will - Head of Corporate Communications, SEW-Eurodrive GmbH & Co.KG Michael Buck - Executive Director Global CSMB Online Marketing and Marketing Strategy, Dell GmbH: "In den Zeiten von Social Media ist die Kommunikation zum Dialog geworden."
2	Crossmedia-Studie 2010 - Neue Herausforderungen - alte Methoden	BULLET-PROOF MEDIA	November 2009 - Februar 2010	**Crossmedia hat einen deutlichen Handlungsbedarf** aus Sicht der Befragten und wird noch weiter an Bedeutung gewinnen.	**Es gibt einen deutlichen Handlungsbedarf bei der besseren Verknüpfung der Mediengattungen (strukturelle, konzeptionelle Ebene).** Massiver Handlungsbedarf: die Online-User an die Printmarken zu binden.
3	Digital Influence Index Study	Fleishman-Hillard Germany GmbH Harris Interactive AG, Hamburg	Juli 2010	People trust Internet most when **they have multiple sources** — a friend is one of them. While Internet users generally consider the Internet to be a reliable source of information, they tend to believe that many sources are better than one.	Internet users place strong trust in conversations with people they know. They are also relatively trusting of comments posted by readers. However, even though it may not be completely reliable, users report referencing postings from other users when making a decision. For example, only 21 percent of U.S. Internet users trust comments, but 46 percent find them useful. The pattern of large gaps between trust and usefulness is also true in Germany, France and Canada.
4	Direktmarketing Monitor 2004-2007, Dialogmarketing Monitor 2008-2011	Deutsche Post AG	2004-2011	Um die Wirksamkeit von Werbemaßnahmen zu steigern, ist Crossmedia ein viel gelobtes Mittel. Die Frage, ob Crossmedia zum Einsatz kommt oder nicht, entscheidet in den meisten Fällen das **Budget**.	Das Budget für Crossmedia hält sich konstant bei 27,9 Mrd. Euro (2011), was mehr als einem Drittel der gesamten Werbeaufwendungen entspricht. **Dennoch ist die Anzahl der Kampagnen überschaubar.** Mehr als die Hälfte der Anwender von Crossmedia führt lediglich eine oder maximal zwei Kampagnen mit inhaltlich aufeinander abgestimmten Werbemedien durch. Das Gros der Unternehmen verzichtet nach wie vor auf einen crossmedialen Auftritt. **Nur ein Viertel stimmt seine Medien immer oder zumindest teilweise aufeinander ab.**
5	FCBi - Crossmedia Monitor 2004	Foote Cone & Belding	2004	Nur ein Drittel der Werbungstreibenden setzt die effiziente Verknüpfung Ihrer Kampagne in den zentralen Kanälen TV, Print und Online über die formale Ebene hinaus auch inhaltlich, kreativ und kommunikativ um.	Nur rund fünf Prozent der Kampagnen können allen Anforderungen an crossmediales Marketing gerecht werden. Die größte Herausforderung bei der Konzeption und Implementierung von erfolgreicher, crossmedialer Kommunikation besteht in der Etablierung der entsprechenden Prozessstrukturen intern sowie in der Zusammenarbeit mit den jeweiligen Agenturdienstleistern.
6	IFM Com Crossmedia 2010 Wer sind die mobilen Onliner? Ergebnisse einer repräsentativen Befragung	IFCom Institut für Kommu-nikationsbe-ratung, Werbe- und Mediafor-schung GmbH	2000 - 2010	Mobile Onlinenutzung steht vor dem Durchbruch als breitenwirksame mediale Anwendung. Mobile Onliner sind eine strategisch entscheidende Zielgruppe für die Marken-kommunikation, weil sie in idealer Weise dafür geeignet sind, Botschaften aus den klassischen Medien in die Word-of-Mouth-Kommunikation einfließen zu lassen. Im Vergleich zu den stationären Onlinern reden sie häufiger über Produkte und Marken. Gleichzeitig haben sie Kontakt zu mehr Personen, mit denen sie sich regelmäßig austauschen. Neben den Online-Medien nutzen sie auch Tageszeitungen, Zeitschriften, TV und Radio überproportional. Zum Teil findet der Konsum von Online- und klassischen Medien parallel statt.	Bei welchen Kombinationen aus klassischem und mobilem Mediaeinsatz entstehen Synergieeffekte, d.h. medienübergreifende Mehrfachkontakte, die in der Lage sind, einen erhöhten Return On Investment zu erwirtschaften? Wenn zwei Medien in der Zielgruppe eine hohe Nutzungsintensität aufweisen und somit eine Überschneidung von Mehrfachkontakten hoch ist. Die andere Möglichkeit ist bei geringer Überschneidung von zwei Medien gegeben. Dann ist es wahrscheinlicher, dass die Zielgruppe nur jeweils mit einem Medium des crossmedialen Mixes Kontakt hat, mit dem **Resultat einer höheren Nettoreichweite.** Beide Strategien kann man je nach Anforderung gezielt für die crossmediale Kampagnen-steuerung einsetzen. **Wobei mit zunehmender Anzahl der ausgesendeten Werbebotschaften Mehrfachkontakte über verschiedene Medien immer wichtiger werden, um überhaupt noch die Aufmerksamkeits-schwelle der Adressaten zu überwinden.**
7	The Consumer Decision Journey	Mc Kinsey	June 2009	Marketers must move aggressively beyond purely push-style communication and learn to influence consumer-driven touch points! The **funnel concept fails** to capture all the touch points and key buying factors resulting from the explosion of product choices and digital channels --> **consumer decision journey!**	The epicenter of consumer-driven marketing is the Internet, crucial during the active-evaluation phase as consumers seek information, reviews, and recommendations. Companies need an **integrated**, organization-wide **"voice of the customer,"** with skills from advertising to public relations, product development, market research, and data
8	The Digital Horizon: A Chasm between Expectation & Execution	Eyeblaster/ TNS	March 2009	The study identifies the perceptions of marketers within agencies, brands and publishers and assesses their perspectives to deepen the level of understanding of digital in today's media market! The chasm exists between the appreciation of cross channel campaigns and lack of channel integration.	Of the marketers surveyed, 67% cite that they are already running cross channel campaigns; yet only 12% are actually integrating performance data across channels. While some leading edge firms deploy digital cross-media campaigns, there are some consistent barriers to greater adoption -- **Most notable is the lack of suitable metrics to measure impact, ROI and value to the advertiser.**
9	The State of Marketing 2010 - Unica's Global Survey of Marketers	Unica Corporation	2009	Integration of online and offline is regarded as quite important. Many marketers use both, aggregated web data and offline data when making decisions about marketing offers. **E-Mail** is the channel where both online and offline data are most likely to be used in decisioning. **However, the integration of online and offline data is slowed by technical and financial concerns.**	Social Media Marketing – Is embraced by almost half of marketers, and adoption is healthy across most social tactics. However, marketers need to think more about **integrating social media** with other marketing tactics. Customer initiated interactions provide an excellent opportunity to personalize marketing communications. A customer who engages with a brand by their own choice and shares their wants and needs is much more receptive to marketing offers. Almost three quarters (73%) of marketers say they currently use targeted/personalized messages in at least one inbound channel.

Tab. 4: Crossmedia Studien Teil 2
Quelle: Selbsterstellte Grafik, Studien siehe Deutsche Post AG, Direkt Marketing Monitor 2004-2007, Dialog Marketing Monitor 2008-2011

7.2 Herausforderungen

Aus in den vorigen Kapiteln verifizierten Forschungshypothesen und den Ergebnissen der untersuchten Studien ergeben sich Herausforderungen für Marketers, welche im Folgenden eingehend dargestellt werden.

"Marketers must move aggressively beyond purely push-style communication and learn to influence consumer driven touch points."[235] Ausgehend vom Sales Funnel Konzept soll der

---

[235] Court, David et al. (2009)

Konsument auf jeder der Stufen in der Art dialogisch begleitet werden, dass als Resultat ein loyaler Kunde mit der Bereitschaft, das Produkt oder die Marke zu empfehlen, generiert werden kann (vgl. Abb.9).[236]

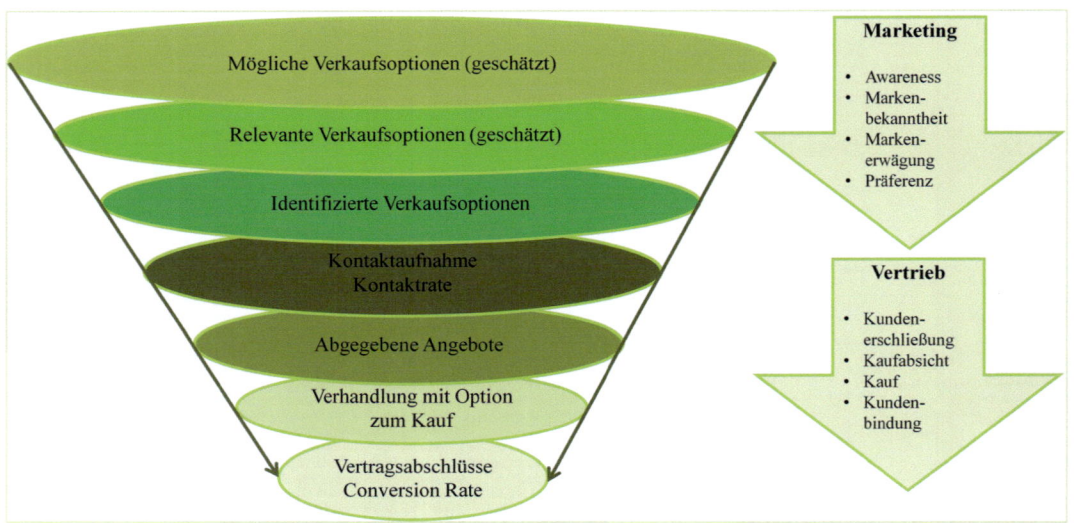

Abb. 9: Sales Funnel Analyse und Actions für Marketing & Vertrieb
Quelle: Selbsterstellte Grafik in Anlehnung an Schawel, Christian,Billing, Fabian (2009), S.166

Das Sales Funnel Konzept wird in diesem Zusammenhang kontrovers diskutiert.[237] Der Konsument solle bevorzugt an jedem relevanten Touchpoint abgeholt werden, da das Funnel Konzept die komplette Bandbreite digitaler Kommunikationsmöglichkeiten nicht genügend abdecken könne. Fakt ist, dass Unternehmen gerade im Hinblick auf die integrierte Kommunikation die Stimme des Konsumenten umfassend beachten und die damit verbundenen Möglichkeiten der digitalen Kanäle in vollem Umfang ausschöpfen sollten.[238]

Dass das Web 2.0 zunehmend an Bedeutung gewinnt, wurde in Kapitel 4.4 bereits dargestellt. Viele Menschen engagieren sich mittlerweile in Social Communities, Blogs oder Foren. Die Social Community Facebook hatte zum Untersuchungszeitpunkt rund 580 Millionen Mitglieder weltweit.[239] Damit steigt folglich auch die Relevanz einer effizienten Integration in die crossmediale Kampagnenplanung. Die neuen Möglichkeiten dieser Kommunikationsform stellen allerdings große Herausforderungen an Marketers dar.[240]

---

[236] Vgl. Interview vom 18.05.2011 mit André Lutz
[237] Vgl. Court, David et al. (2009)
[238] Ebenda
[239] Vgl. Econtrolling (2011), http://www.econtrolling.de/201101/facebook-nutzer-statistik-2011/
[240] Vgl. Interview vom 30.05.2011 mit Martin Bauer

Die Studien belegen eindeutig, dass das Vertrauen in Empfehlungen von Freunden und Bekannten insgesamt sehr hoch ist. Aber auch (anonyme) Online-Empfehlungen werden als vertrauenswürdig eingeschätzt. „People trust Internet most when they have multiple sources", zu dieser Erkenntnis kommt die Studie „Digital Influence Index" der Fleishman-Hillard Germany GmbH und Harris Interactive AG.[241] Außerdem kommt die Studie zu der Erkenntnis, dass das Internet eine zunehmend wichtiger Rolle im Kaufentscheidungsprozess spielt. „Users who have adopted microblogging tend to trust companies that monitor their online activity. They seem to view this online listening as a sign that organizations care about their needs and want their feedback."[242] Einen Zuwachs an Empfehlungen generieren zu können, ist eine der großen Herausforderungen für Werbetreibende. Kerstin Jourdan unterstreicht diesbezüglich die Notwendigkeit, den Kunden als Empfehler auch im Social Media positiv aktivieren zu können.[243]

Gerade im Bereich Social Media bestehe noch immenser Handlungsbedarf und Herausforderungen für beteiligte Akteure. Der personelle Aufwand dürfe dabei nicht unterschätzt werden und eine Social Media Guideline sei zwingen Voraussetzung.[244] Zudem müsse „immer wieder spannender Content geliefert werden."[245] Man muss sich auch hier zunächst die Frage nach der sinnvollen Eingliederung der Social Media Strategie in die Gesamtkommunikation stellen. Die neuen medialen Möglichkeiten verlangen zwingend neue und innovative Konzepte.[246] Beim klassischen Dialogmarketing haben Marketers „den Hut"[247] auf und können direkt steuern. Im Gegensatz dazu wird nun auch der Kunde zum Sender von Botschaften und Markenbotschaften.[248]

Allerdings führt Social Media automatisch zu einem gewissen Kontrollverlust. War der Sales Funnel früher relativ präzise planbar, wir eine Prognose in Zeiten der partizipativen Kommunikation deutlich erschwert.[249] Zudem gibt es „nichts langweiligeres, als langweiligen oder gar keinen Content in Social Media".[250] Die Ideen müssen von Beginn an interaktiv konzeptioniert sein, um dann auch im Sinne von crossmedialer Vernetzung ins Web 2.0 verlängert werden zu können.

---

[241] Vgl. McRoberts, Brian et al. (2010), S.5
[242] McRoberts, Brian et al. (2010), S.5
[243] Vgl. Interview vom 31.05.2011 mit Kerstin Jourdan
[244] Vgl. Interview vom 27.05.2011 mit Helma Finkenauer-Linnerth
[245] Interview vom 30.05.2011 mit Martin Bauer
[246] Vgl. Schulz-Bruhdoel, Bechtel, Michael (2009), S.20
[247] Interview vom 30.05.2011 mit Martin Bauer
[248] Vgl. Interview vom 31.05.2011 mit Kerstin Jourdan
[249] Vgl. Interview vom 18.05.2011 mit André Lutz
[250] Interview vom 30.05.2011 mit Martin Bauer

Einig sind sich die Experten darin, dass der Hype um Social Media seinen Höhepunkt bereits passiert hat und zunehmend ernsthafter über eine strategische Einbindung und Integration von Social Web Applikation in die Kommunikationsstrategie nachgedacht wird. Der personelle Aufwand ist jedoch im Vergleich zum technischen Aufwand immens. [251] Unternehmen müssen eine Social Guideline entwickeln und implementieren und für jede Eskalationsstufe klare Zuständigkeiten und Richtlinien bereits im Vorfeld definieren. Nicht jedes Unternehmen kann mit der „24/7 always on"[252] Mentalität umgehen.

Auch das Zusammenspiel zwischen Print und Online war in der Anfangsphase sehr fehleranfällig.[253] Die Kernkompetenz bleibt, nicht nur in Hinblick auf die neuen Medien und Kanäle, der Transport einer „guten Geschichte".[254] Wichtig ist, wie bei jeder Kommunikation, dass die Idee bzw. die Story bereits im Vorfeld für den Konsumenten attraktiv und interaktiv geplant wurde. Nur wenn der Konsument an einem gewissen Punkt abgeholt wird, zeigt sich eine gewünschte Wirkung. Die Praxis spricht hierbei von der s.g. „Customer Journey"[255], also die kommunizierte Erlebniswelt, welche für den Bedarfsträger den eigentlichen Nutzen des Kommunikationsobjektes darstellt.

Dabei geht es auch auf Seiten der Agenturen oder Unternehmen um die „Freiheit im Kopf und die Leidenschaft für ein Thema".[256] Nur wenn eine Idee gut genug ist, um bei der Zielgruppe bestehen und den Konsumenten am jeweiligen Touchpoint dialogisch involvieren zu können, geht das Gesamtkonzept des crossmedialen Dialogmarketings auf und der gewünschte Erfolg tritt ein. Helma Finkenauer-Linnerth fordert deshalb, dass es zum einen Modelle geben solle, die Anreize schaffen und motivieren, zum anderen Unternehmensstrukturen und –kulturen generell überdacht werden müssen. [257] In den „Köpfen der Entscheider" [z.B. bei großen Mediaagenturen] müsse sich etwas ändern. Sie müssen „viel offener" werden.[258]

Die Problematik vorhandener Organisationsstrukturen auf Agenturseite wie auch auf Unternehmensseite birgt große Herausforderung für das crossmediale Dialog-Kampagnenmanagement der Zukunft. Als Lösungsansatz sollten veraltete Unternehmensstrukturen und das

---

[251] Vgl. Interview vom 30.05.2011 mit Martin Bauer
[252] Ebenda
[253] Vgl. Hohlfeld, Ralf et al. (2010), S.17
[254] Vgl. Feist, Holger (2010), S.231
[255] Interview vom 08.06.2011 mit Marco Fischer, Die Firma GmbH
[256] Interview vom 27.05.2011 mit Helma Finkenauer-Linnerth
[257] Ebenda
[258] Interview vom 27.05.2011 mit Helma Finkenauer-Linnerth

Silodenken aufgebrochen werden. Steering Commitees, die sich um Schnittstellen kümmern, Thinktanks oder Innovationszirkel können dabei helfen, eine erfolgreiche Planung von crossmedialen Kampagnen überhaupt zu ermöglichen.[259] Organisatorische Parallelstrukturen des Marketings müssen klar gestärkt und die positiven Effekte der integrationsfördernden Wirkung auf die Arbeitsmotivation ausgenutzt werden.[260]

Die Studie „Crossmedia Monitor 2004" der Agentur FCBi gelangt zu der Erkenntnis, dass lediglich 5% der 114 untersuchten Kampagnen allen Anforderungen an Crossmedia standhalten konnten.[261] Damit ist eine weitere Herausforderung genannt, nämlich die Optimierung inhaltlicher und formaler Vernetzung.

Eine Studie nach Esch (2011) zeigt auf, dass Positionierungsziele und Relevanz für die Zielgruppe Berücksichtigung finden müssen. Nur dann könne sich ein durchschlagender Erfolg einstellen und die durch integrierte Kommunikation aufgebauten Schemata-vorstellungen bezüglich der Markenbilder in positive Einstellungs- und Handlungsabsichten niederschlagen.[262] Die Einbindung eines umfassenden CRM ist mittlerweile eine allgemein anerkannte Forderung und Voraussetzung für funktionierendes Dialogmarketing. CRM-Software als Steuerungsinstrument dient dazu, optimale Kundenorientierung zu gewährleisten.[263] Eine große Herausforderung stellt hierbei das Leadmanagement dar, gerade wenn digitale Kanäle implementiert werden sollen. Die Messung solch qualifizierter Leads gestaltet sich diesbezüglich einfacher als die Verknüpfung bzw. Integration der Leads mit den vorhandenen CRM-Systemen.[264]

Ein weiteres Problemfeld und damit eine Herausforderung an crossmediale Vernetzung stellt die Thematik der Medienkonvergenz dar. Medienkonvergenz ist das Zusammenwachsen ehemals getrennter Medienbereiche als Resultat der fortschreitenden Digitalisierung und der technischen sowie inhaltlichen Entwicklung in den Medien.[265] Die Installation geeigneter Schnittstellen müsse bereits im Vorfeld beachtet werden.[266] Außerdem stellt sich die Frage nach dem Medienbruch. Crossmedia baut schon per se Medienbrüche auf.[267] Um das volle Potenzial von Crossmedia

---

[259] Vgl. Interview vom 08.06.2011 mit Marco Fischer, Die Firma GmbH
[260] Vgl. Schnakenburg, Dirk, 2011, S.185
[261] Vgl. Stradtmann, Philipp, Kurt, Katharina, 2004
[262] Vgl. Esch, Franz-Rudolf (2011), S.332
[263] Vgl. Holland, Heinrich (2001), S.14
[264] Vgl. Interview vom 08.06.2011 mit Marco Fischer, Die Firma GmbH
[265] Vgl. Gleich, Uli (2010), S.549
[266] Vgl. Interview vom 08.06.2011 mit Marco Fischer, Die Firma GmbH
[267] Ebenda

ausschöpfen zu können, ist es für die Anwender zwingend notwendig, Offline und Online Maßnahmen effizient miteinander zu verzahnen, um z.B. durch intermediäre Verweise, QR–Codes, Bluetooth Hotspots o.ä. den Medienbruch abzuschwächen.

Das Thema Konvergenz wirft zudem die Frage auf, welche Auswirkungen die vielfältigen digitalen Angebote im Internet auf bisherige Mediennutzungsmuster haben. Werden sie eher zusätzlich zu den traditionellen Angeboten genutzt oder ersetzen sie diese? Inwieweit entstehen somit eher konvergente oder eher divergente Mediennutzungsmuster?[268] Fürsich (2010) hält fest, dass eine Rückbesinnung auf Kompetenzen wie Themenexpertise, Selektionsfähigkeit, Komplexitätsreduktion und Herstellung von Öffentlichkeit im Anblick der Veränderungsprozesse stärker denn je gefordert werden.[269]

7.3 Was spricht gegen Crossmedia Kampagnen?

Die Wirkung von Crossmedia wurde in Kapitel 5.2 hinreichend belegt. Es kann jedoch eine große Divergenz zwischen Anspruch und Wirklichkeit festgestellt werden.[270] So weisen nicht nur Studien auf zahlreiche Barrieren crossmedialer Kommunikation hin, auch die Experten bestätigen die Problematik aus Erfahrungen in der Praxis.

Trotz der verifizierten Wirkung und der Euphorie soll Crossmedia nicht als das alleinige Allheilmittel verstanden werden. Die Frage, welche Art von Kommunikationsmaßnahmen eingesetzt werden sollen muss immer auf strategischer Ebene und vor allem individuell erfolgen. Exemplarisch ist in diesem Zusammenhang die Unternehmensgröße zu nennen. Die Vernetzung von Kanälen ist komplexer und kostenintensiver als einkanalige Kommunikation. Zwar führen crossmediale Kampagnen zu einem Synergieeffekt; kleinen und mittleren Unternehmen wird eine Umsetzung jedoch unter der Annahme eines geringeren verfügbaren Budgets oftmals erschwert. Crossmedia bedeutet zudem nicht, alle Kanäle mit identischer Botschaft zu bespielen.[271] Deshalb ist eine kommunikative Organisationsstruktur zur inhaltlichen Abstimmung eine weitere Bedingung, um den Komplexitätsaufwand von vernetzten Kampagnen hinreichend bewältigen zu können.

---

[268] Gleich, Uli (2010), S.549
[269] Vgl. Fürsich, Elfriede (2010), S.68
[270] Vgl. Unger, Fritz et al. (2002), S.75f.
[271] Vgl. Interview vom 30.05.2011 mit Martin Bauer

Wenn es die Zielgruppe oder die Zielsetzung nicht erlaubt, kann sich ein Unternehmen somit bewusst gegen eine mehrkanalige Ansprache entscheiden. Soll bspw. eine exklusive oder „geschlossene" Zielgruppe erreicht werden, können ggf. einzelne Kanäle nicht genutzt werden, um Streuverluste zu minimieren.[272] Außerdem spielt das Budget wiederum eine Rolle, wenn es sich um Leistungen handelt, die nicht zum Kerngeschäft des Unternehmens zählen. Ressourcenintensive Kampagnen sollten für deren Kommunikation keine Anwendung finden. Entscheidend sei, wie das Ziel des Kunden am besten erreicht werden kann. „Dann erst wird in Kanälen gedacht".[273]

Auch Ingo Grosch ist der Ansicht, dass es nicht immer Crossmedia sein muss. Marlboro ist z.B. immer noch sehr erfolgreich mit aufwendigen Mailings und Items als Dialogmedien. „Es kann auch Sinn machen [für einige Unternehmen ausschließlich] digital zu werben, oder eben nur klassisch".[274] Immer dann, wenn sich die Zielgruppe nur in einem Kanal bewegt und eine Integration mit anderen Medien den Streuverlust erhöhen würde, könne diese Strategie Früchte tragen.[275]

---

[272] Vgl. Interview vom 01.06.2011 mit Stephanie Carroux
[273] Interview vom 30.05.2011 mit Martin Bauer
[274] Interview vom 20.05.2011 mit Ingo Grosch
[275] Vgl. Interview vom 18.05.2011 mit André Lutz

8. Fazit und Handlungsempfehlungen

Deutlich wurden die Hypothesen im Verlauf der Arbeit validiert und die Leitfragen umfassend beantwortet. Damit kann das eingangs prognostizierte forschungsleitende Modell ebenfalls dem Stresstest standhalten und zeigt den Kommunikations- und Wirkungsprozess des crossmedialen Dialogmarketings mit der entscheidenden Einflussgröße des Mediennutzungsverhaltens.

Crossmediales Dialogmarketing wirkt und birgt neben zahlreichen Chancen auch Herausforderungen für Marketers in der Zukunft. Dialogmarketing setzt darüber hinaus deutliche Handlungsimpulse, liefert Informationen, bietet Interaktionsmöglichkeiten und animiert zum Kauf.[276] Die Vernetzung von Offline und Online Medien wird zum Teil in der Praxis erfolgreich umgesetzt. Nach wie vor besteht jedoch immenser Nachholbedarf bei einem Großteil der Marketers.

Matthias Wahl, Geschäftsführer der OMS Vermarktungs GmbH & Co. KG hält fest, dass die Zeit reif ist für „echtes" Crossmedia. „Mit dem Nachweis einer erhöhten Werbewirkung echter crossmedialer Kampagnen unter Beteiligung von Online wird jedes klassische Medium profitieren und den bleiernen Verwesungsgeruch mangelnder Beweglichkeit ablegen können."[277] Viele analoge Instrumente des Dialogmarketing werden zukünftig durch digitale ersetzt. Vor allem Mailings, Kataloge und Kundenzeitschriften lassen sich digital „effektiver und effizienter einsetzen und steuern".[278] Dies unterstreicht die Notwendigkeit der Integration von Online und Offline Maßnahmen, die in der Arbeit eingehend herausgearbeitet wurde. Folgende Grafik verdeutlicht neben dem validierten Modell crossmedialer Vernetzung im Dialogmarketing den Status Quo der Barrieren und Herausforderungen.

---

[276] Vgl. Burow, Detlef (2008), S.71f.
[277] Wahl, Matthias (2011)
[278] Thommes, Joachim, in: HORIZONT 16/2011, S.25

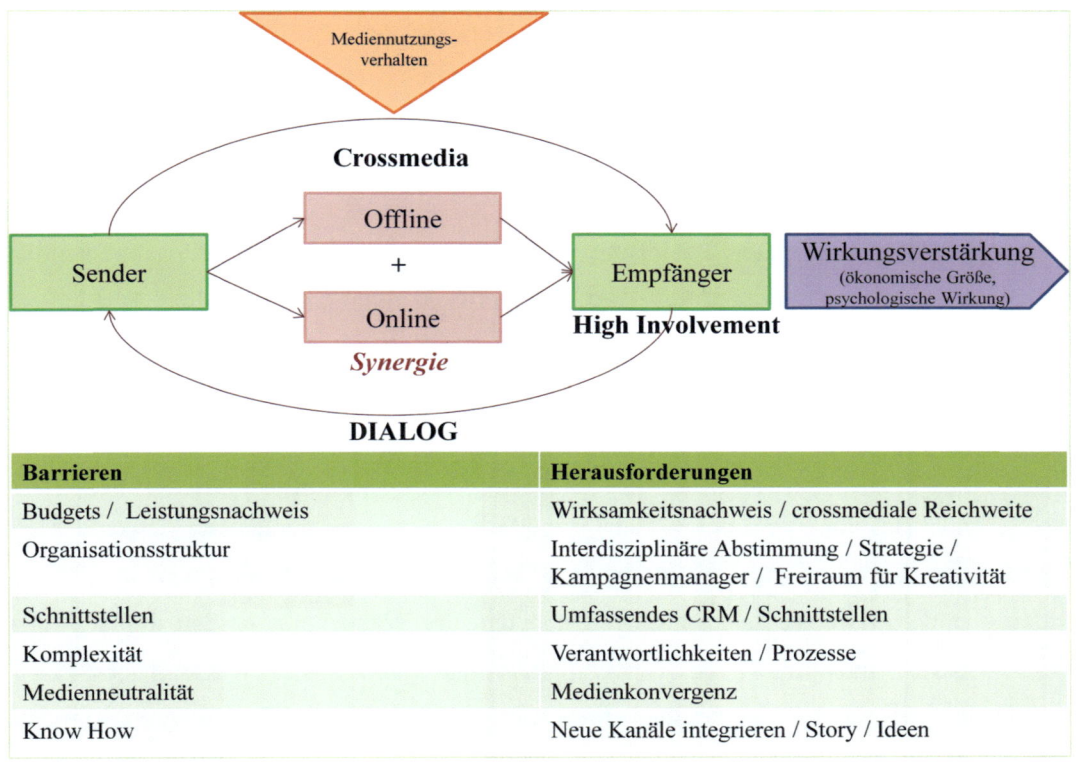

Abb. 10: Wirkungsmodell, Barrieren und Herausforderungen
Quelle: Selbsterstellte Grafik

Das wohl wichtigste Postulat der Definition crossmedialen Dialogmarketings ist die Forderung nach inhaltlicher, zeitlicher und formaler Integration. Es besteht ein deutlicher Handlungsbedarf bei der besseren Verknüpfung der Mediengattungen vor allem auf struktureller und konzeptioneller Ebene,[279] was eingehend im Verlauf der Arbeit aufgezeigt wurde. Neue technologische Entwicklungen, der Medienwandel und die Individualisierung des Nutzerverhaltens stellen nach wie vor neue Herausforderungen an die Werbekommunikation. Die schon seit längerem postulierte komplette Verschmelzung der klassischen und neuen Medien zu multimedialen Angeboten, im multimedialen Verständnis kombiniert und integriert, wird jedoch noch einige Zeit in Anspruch nehmen.[280]

Eine der größten Herausforderungen für die erfolgreiche Vernetzung von Online und Offline im Dialogmarketing bleibt die Thematik der Organisation und die Frage nach der Definition von Verantwortlichkeiten und Prozessen. Erfolgreiches Vernetzen kann nur dann funktionieren, wenn Beteiligte aus unterschiedlichen Disziplinen in Teamarbeit

---

[279] Vgl. Bulletproof Media GmbH (2011), S.6
[280] Vgl. Baumann, Sabine (2011), S.98f.

miteinander agieren und auch externe Dienstleister, wie z.B. Agenturen, optimal in den Kooperationsprozess eingebunden werden. Unternehmen müssen in diesem Kontext geeignete Organisationsstrukturen schaffen und notwendige personelle und finanzielle Ressourcen bereitstellen.

Die Komplexität crossmedialer Dialogkampagnen könnte hierdurch bewerkstelligt werden und der gewonnene Synergieeffekt den Mehraufwand kompensieren. Die Einbindung interaktiver und sozialer Kanäle wird dabei in der Zukunft nicht mehr zur Debatte stehen. Die Frage des zielführenden Umgangs mit den neuen Medien wird Unternehmen jedoch noch einige Zeit beschäftigen.

Abschließend kann vor allem der Wandel der Mediennutzung – gerade bei jüngeren Zielgruppen – das Argument pro Vernetzung von Online und Offline Maßnahmen im Dialogmarketing stärken. Die mediale Parallelnutzung und der Wandel hin zu den digitalen und sozialen Kanälen unterstreicht die Notwendigkeit einer personalisierten Kundenansprache. Der Ausbau vorhandener Touchpoints durch eingängige und wiedererkennbare Kommunikation und die Besetzung unterschiedlicher Mediakanäle erzeugt räumliche Nähe zum Kunden und verstärkt das Argument nach crossmedialer Integration.

Literaturverzeichnis

Aelker, Lisa: Uses and Gratification-Ansatz, in: Krämer, Nicole, Schwan, Stephan, Unz, Dagmar, Suckfüll, Monika (Hrsg.): Medienpsychologie, Schlüsselbegriffe und Konzepte, S.17-22, Stuttgart 2008.

AGOF e.V.: internet facts 2011-02, http://www.agof.de/index.583.de.html, Erscheinungsdatum: 05.2011, Abrufdatum: 15.06.2011.

AGOF e.V.: Berichtsband zur internet facts 2010-II, http:// www.agof.de/internetfacts, Erscheinungsdatum: 09.2010, Abrufdatum: 26.04.2011.

Allgayer, Florian: Die Entscheider des täglichen Konsums, Regio Media, Haushaltsentscheider, in: W&V Media 6/2010, S.14-20.

Axel Springer AG (Hrsg.): Veränderungen in der VA 2010, Neue Items, Marken und Produktbereiche auf breiterer Basis: Die VA 2010 bietet zahlreiche Neuerungen für die Markt- und Mediaplanung, in: VA Aktuell, Nr.11, August 2010.

Axel Springer AG (Hrsg.): Medien und Zielgruppen in der Verbraucher Analyse 2009, Crossmedial planen, in: VA Aktuell, Nr.9, Dezember 2009.

Baumann, Sabine: Einsatz von Social Media in der externen Unternehmenskommunikation, in: Urban, Thomas (Hrsg.): Multimedia Marketing, Eine Betrachtung aus wirtschaftlicher, psychologischer und technischer Sicht, S.67-101, Frankfurt, 2011.

Belz, Christian et al.: Modell für Durchbrüche im Dialogmarketing, in: Belz, Christian (Hrsg.): Innovationen im Kundendialog, Reales Kundenverhalten und reales Marketing, S.19-33, Wiesbaden, 2011.

Best, Stephanie, Breunig, Christian: Parallele und exklusive Mediennutzung, in: MEDIA PERSPEKTIVEN 1/2011, S. 16-35.

Bruhn, Manfred: Integrierte Unternehmens- und Markenkommunikation, Strategische Planung und operative Umsetzung, 5., überarbeitete und aktualisierte Auflage, Stuttgart, 2009.

Bughin, Jacques, Chui, Michael: The rise of the networked enterprise: Web 2.0 finds its payday, in: Mc Kinsey Quarterly, http://www.mckinseyquarterly.com/The_rise_of_the_networked_enterprise_Web_20_finds_its_payday_2716, Erscheinungsdatum: 10.2010, Abrufdatum: 03.05.2011.

Bulletproof Media GmbH (Hrsg.): Crossmedia-Studie 2010, Neue Herausforderungen – alte Methoden, Hamburg, 2011.

Burow, Detlef: Synergien zwischen klassischer Werbung und Dialogmarketing, in: Schwarz, Torsten (Hrsg.): Leitfaden Dialog Marketing, Das kompakte Wissen der Branche, S.71-76, Waghäusel, 2008.

Burst, Michael, Schmitt-Walter, Nikolaus: Vernetzte Kommunikation, Werbewirkung crossmedialer Kampagnen, SevenOne Media GmbH, Unterföhring, 2003.

Busemann, Katrin, Gscheidle, Christoph: ARD/ZDF online Studie 2010, Web 2.0: Nutzung steigt – Interesse an aktiver Teilhabe sinkt, in: MEDIA PERSPEKTIVEN 7,8/2010, S.359-368.

Court, David, Elzinga Dave, Mulder, Susan, Jørgen Vetvik, Ole: The consumer decision journey, Marketing & Sales Practice, in: Mc Kinsey Quarterly 3/2009.

Cornelsen, Jens, Plennert, Thomas, Lorenz, Uwe: Weitersagen, Erfolgreiches Marketing mit Konsumentenempfehlungen, http://www.research-results.de/fachartikel/2008/ausgabe2/weitersagen.html, Erscheinungsdatum: 2.2008, Abrufdatum: 05.07.2011.

Crux, Richard: Crossmedia-Marketing – Kommunikation auf allen Kanälen, in: Kracke, Bernd: Crossmedia-Strategien, Dialog über alle Medien, Wiesbaden, 2001, S.17-32.

D-A-CH-Konjunkturbarometer: Report Direktmarketing, in: HORIZONT 16/2011, 21.04.2011, S.26.

Dankl, Christian: Dialog 2.0: optimal integrierte Kampagnen, Mit vernetzter Kommunikation Brücken ins Web schlagen, http://www.medienpartnerback.de/themen08/090-091_DDV2008.pdf, Erscheinungsdatum: 2008, Abrufdatum: 29.06.2011.

DDV, http://www.ddv.de/, Erscheinungsdatum: o.A., Abrufdatum: 21.06.2011.

DDV, FAQ zum Dialogmarketing, http://www.ddv.de/index.php?id=74&L=0, Erscheinungsdatum: o.A., Abrufdatum: 17.04.2011.

Deutsche Post: Dialogmarketing Deutschland 2011, Dialog Marketing Monitor, Studie 23, Bonn 2011.

Deutsche Post: Dialogmarketing Deutschland 2010, Dialog Marketing Monitor, Studie 22, Bonn 2010.

Deutsche Post: Dialog Marketing Deutschland 2009, Dialog Marketing Monitor, Studie 21, Bonn 2009.

Deutsche Post: Dialog Marketing Deutschland 2008, Dialog Marketing Monitor, Studie 20, Bonn 2008.

Deutsche Post: Direkt Marketing Deutschland 2007, Direkt Marketing Monitor, Studie 19, Bonn, 2007.

Deutsche Post: Direkt Marketing Deutschland 2006, Direkt Marketing Monitor, Studie 18, Bonn, 2006.

Deutsche Post: Direkt Marketing Deutschland 2005, Direkt Marketing Monitor, Studie 17, Bonn, 2005.

Deutsche Post: Direkt Marketing Deutschland 2004, Direkt Marketing Monitor, Studie 16 Bonn, 2004.

Die Firma GmbH (Hrsg.): B2B Online Monitor, Klartext im Internet: Verantwortliche zwischen Wunsch und Wirklichkeit, Wiesbaden, 2011.

Econtrolling, Facebook Nutzer Statistik 2011, http://www.econtrolling.de/201101/facebook-nutzer-statistik-2011/, Erscheinungsdatum: 05.01.2011, Abrufdatum: 07.07.2011.

Eimeren, Birgit, Ridder, Christa-Maria: Trends in der Nutzung und Bewertung der Medien 1970 bis 2010, Ergebnisse der ARD/ZDF-Langzeitstudie Massenkommunikation, in: MEDIA PERSPEKTIVEN 2/2011, S.2-15.

Engel, Bernhard, Mai, Lothar: Mediennutzung und Lebenswelten 2010, Ergebnisse der 10. Welle der ARD/ZDF-Langzeitstudie Massenkommunikation, in: MEDIA PERSPEKTIVEN 12/2010, S.558-571.

Esch, Franz-Rudolf: Wirkung integrierter Kommunikation, Ein verhaltenswissenschaftlicher Ansatz für die Werbung, 5., aktualisierte Auflage, Wiesbaden, 2011.

Eyeblaster Inc., TNS (Hrsg.): Eyeblaster Research, The Digital Horizon: A Chasm between Expectation & Execution, 2009.

Feist, Holger, Karsch, Myriam, Scheel, Julia: Die gute Geschichte, Kernkompetenz in konvergenten Zeiten, in: Hohlfeld, Ralf, Müller, Philipp, Richter, Annekathrin, Zacher Franziska (Hg.): Crossmedia – Wer bleibt auf der Strecke? Beiträge aus Wissenschaft und Praxis, S.228-232, Berlin, 2010.

Frees, Beate, Fisch, Martin: Veränderte Mediennutzung durch Communities? Ergebnisse der ZDF-Studie Community 2010 mit Schwerpunkt Facebook, in: MEDIA PERSPEKTIVEN 3/2011, S.154-164.

Freter, Hermann: Markt- und Kundensegmentierung, Kundenorientierte Markterfassung und – bearbeitung, 2., vollständig neu bearbeitete und erweiterte Auflage, Stuttgart, 2008.

Fürsich, Elfriede: Medienkonvergenz als Risiko und Chance, in: Hohlfeld, Ralf, Müller, Philipp, Richter, Annekathrin, Zacher Franziska (Hg.): Crossmedia – Wer bleibt auf der Strecke? Beiträge aus Wissenschaft und Praxis, S.54-69, Berlin, 2010.

Gestmann, Michael: Bis zu 100000 Klicks pro Tag, in salesbusiness 5/2010, S.49-51.

Gestmann, Michael: Crossmediale Wirkung, Eine empirische medienpsychologische Untersuchung, Diss., Universität zu Köln, 2009.

Gläser, Jochen, Laudel, Grit: Experteninterviews und qualitative Inhaltsanalyse als Instrumente rekonstruierender Untersuchungen, Wiesbaden, 2004.

Gleich, Uli: Mediennutzung in konvergenten Medienwelten, in: MEDIA PERSPEKTIVEN 11/2010, S.549-554.

Gleich, Uli (a): Multimediale Kommunikationsstrategien, in: MEDIA PERSPEKTIVEN 1/2009a, S.40-45.

Gleich, Uli (b): Aktuelle Ergebnisse der Werbewirkungsforschung, ARD-Forschungsdienst, in: MEDIA PERSPEKTIVEN 5/2009b, S.267-273.

Gleich, Uli: Crossmedia – Schlüssel zum Erfolg, Verknüpfung von Medien in der Werbe-kommunikation, in: MEDIA PERSPEKTIVEN 11/2003, S.510-516.

Gruner + Jahr AG & Co KG, G+J Media Sales (Hrsg.), G+J Werbewirkungspanel 2010, Erfolgsfaktor Print, Hamburg, 2010.

Gruner + Jahr AG & Co KG, G+J Media Sales (Hrsg.), die blaue reihe, WAS WIRKT WIE? Werbewirkung 2003, Hamburg, 2003.

Haferkamp, Nina: Selective Exposure, in: Krämer, Nicole, Schwan, Stephan, Unz, Dagmar, Suckfüll, Monika (Hrsg.): Medienpsychologie, Schlüsselbegriffe und Konzepte, S.23-28, Stuttgart 2008.

Hammen, Kerstin, Adler, Michael, Neumüller, Gerald: Navigator 04, Mediennutzung 2010, SevenOne Media GmbH, München, 2010.

Heinrich, Jürgen: Medienprodukte – Medienangebote und Mediennutzung, in: Scholz, Chistian: Handbuch Medienmanagement, S. 73-96, Berlin, Heidelberg, 2006.

Hirschmann, Wolf: Kursbaustein Direktmarketing, Berlin, 2011.

Hohlfeld, Ralf, Müller, Philipp, Richter, Annekathrin, Zacher Franziska (Hg.): Crossmedia – Wer bleibt auf der Strecke? Beiträge aus Wissenschaft und Praxis, Berlin, 2010.

Holland, Heinrich: Direktmarketing, Im Dialog mit dem Kunden, 3., vollständig überarbeitete und erweiterte Auflage, München 2009.

Holland, Heinrich (Hrsg.), Huldi, Christian, Kuhfuß, Holger, Nitsche, Martin: CRM im Direktmarketing, Kunden gewinnen durch interaktive Prozesse, Wiesbaden, 2001.

Huber, Melanie: Kommunikation im Web 2.0, 2.Auflage, Konstanz, 2010

Hungenberg, Harald: Strategisches Management in Unternehmen, Ziele – Prozesse – Verfahren, 5., überarbeitete und erweiterte Auflage, Wiesbaden, 2008.

IBM Global Business Services, Zentrum für Evaluation & Methoden (ZEM), Universität Bonn: Studie: Innovationen in den Medien, Web 2.0 verwöhnte Konsumenten zwingen Medienanbieter zum Umbau ihrer Geschäftsmodell, http://www-05.ibm.com/de/media/downloads/medienstudie-2008.pdf, Erscheinungsdatum: 2008, Abruf-datum: 27.04.2011.

IFCom Institut für Kommunikationsberatung, Werbe- und Mediaforschung GmbH: IFCom Crossmedia 2010, Wer sind die mobilen Onliner? Ergebnisse einer repräsentativen Befra-gung, Hamburg, 2010.

Initiative D21 e.V., TNS Infratest Holding GmbH & Co.KG (Hrsg.): NONLINER Atlas 2010 – Eine Topographie des digitalen Grabens durch Deutschland, 2010.

Institut für Medien- und Konsumentenforschung GmbH & Co. KG, Codeplan der Typologie der Wünsche 2011, Erding, 2011.

Interview vom 18.05.2011 mit André Lutz

Interview vom 20.05.2011 mit Boris Lakowski

Interview vom 20.05.2011 mit Ingo Grosch

Interview vom 27.05.2011 mit Helma Finkenauer-Linnerth

Interview vom 30.05.2011 mit Martin Bauer

Interview vom 31.05.2011 mit Kerstin Jourdan

Interview vom 01.06.2011 mit Stephanie Carroux

Interview vom 08.06.2011 mit Marco Fischer, Die Firma GmbH

Johnson, Gerry, Scholes, Kevan, Whittington, Richard: Strategisches Management Eine Einführung, Analyse, Entscheidungen und Umsetzung, 9., aktualisierte Auflage, München, 2011.

Krone, Jan (Hrsg.): Medienwandel kompakt 2008 – 2010, Schlaglichter der Veränderung in Medienökonomie, -politik, -recht und Journalismus – ausgewählte Netzveröffentlichungen, Baden-Baden, 2011.

Kotler, Philip, Kartajaya, Hermawan, Setiawan, Iwan: Die neue Dimension des Marketings, Vom Kunden zum Menschen, Frankfurt, 2010.

Kotler, Philip, Bliemel, Friedhelm: Marketing-Management, Analyse, Planung und Verwirklichung, 10., überarbeitete und aktualisierte Auflage, München, 2006.

Kroeber-Riel, Werner: Strategie und Technik der Werbung, Verhaltenswissenschaftliche Ansätze, 4. Auflage, Stuttgart, 1993a.

Kroeber-Riel, Werner: Bildkommunikation, München, 1993b.

Lebrenz, Silke, Lehmann, Heiko: Dialog Marketing Monitor 2008, in: Schwarz, Torsten (Hrsg.): Leitfaden Dialog Marketing, Das kompakte Wissen der Branche, S.59-68, Waghäusel, 2008.

Little, Arthur: Die deutsche Internetwirtschaft 2009-2012, Überblick, Trends und Treiber, eco – Verband der deutschen Internetwirtschaft e. V (Hrsg.), Köln, 2010.

Mahrdt, Niklas: Crossmedia, Werbekampagnen erfolgreich planen und umsetzen, Wiesbaden, 2009.

Mayring, Philipp, Gläser-Zikuda, Michaela, Die Praxis der Qualitativen Inhaltsanalyse, Weinheim und Basel, 2005.

McRoberts, Brian, Terhanian, George, Alldredge, Ken, Keppler, Carla: Understanding the role of the Internet in the lives of consumers, Digital Influence Index, 2010.

Meinert, Marion: On- und Offline – Dialogmarketing kombinieren, in: Schwarz, Torsten (Hrsg.): Leitfaden Dialog Marketing, Das kompakte Wissen der Branche, S.77-82, Waghäusel, 2008.

Meuser, Michael, Nagel, Ulrike: ExpertInneninterviews – vielfach erprobt, wenig bedacht, Ein Beitrag zur qualitativen Methodendiskussion, in: Bogner, Alexander, Littig, Beate, Menz, Wolfgang (Hrsg.): Das Experteninterview, Theorie, Methode, Anwendung, S.71-93, 2. Auflage, Wiesbaden, 2005.

Naik, Prasad, Peters, Kay: A Hierarchical Marketing Communications Model of Online and Offline Media Synergies, in: Journal of Interactive Marketing 23/2009, S.288–299.

Neumüller, Gerald, Schlesiger, Olaf, Teichmann, Johanna: Navigator 03 – Implizite Wahrnehmung, SevenOne Media GmbH, München, 2009.

Noack, Catharina: Crossmedia Marketing – Suchmaschinen als Brücke zwischen Offline- und Online-Kommunikation, Diss., Universität Hohenheim, 2010.

Nugg.ad, http://www.nugg.ad/de/index, Erscheinungsdatum: o.A., Abrufdatum: 07.07.2011.

Oehmichen, Ekkehardt, Schröter, Christian: Medienübergreifende Nutzungsmuster: Struktur- und Funktionsverschiebung, in: MEDIA PERSPEKTIVEN 8/2008, S.394-409.

Oehmichen, Ekkehardt, Schröter, Christian: Zur typologischen Struktur medienübergreifender Nutzungsmuster, in: MEDIA PERSPEKTIVEN 8/2007, S.406-421.

Oetting, Martin: Was ist Web 2.0?, http://www.connectedmarketing.de/cm/2007/01/was_ist_web_20.html, Erscheinungsdatum: 17.01.2007, Abrufdatum: 23.06.2011.

Oetting, Martin: Wie Web 2.0 das Marketing revolutioniert, in: Schwarz, Torsten, Braun, Gabriele (Hrsg.): Leitfaden Integrierte Kommunikation, Waghäusel, 2006, S.173-200.

OnetoOne, http://www.onetoone.de/Deutsche-Post-baut-Online-Werbeangebot-mit-Adcloud-aus-19637.html, Erscheinungsdatum: 04.04.2011, Abrufdatum: 07.07.2011.

Pfannenberg, Jörg, Sass, Jan, Jossé, Harald, Schönefeld, Ludwig: Werttreiber, Value Links und Key Performance Indicators der Marketingkommunikation, DPRG-Thesenpapier Marketingkommunikation, Berlin, 2007.

pilot checkpoint GmbH (Hrsg.): Online Visions 2010, TV-Online Doubleplay: das optimale Zusammenspiel, Hamburg, 2010.

Pimpl, Roland: Konvergenz statt Konflikt, Medienforschung: Gattungen ringen in der AG.MA um den Wechselkur der Reichweitenwährung, in: HORIZONT 6/2011, 10.Februar 2011, S.13.

Pleil, T, Zerfaß, A, Internet und Social Software in der Unternehmenskommunikation, in: Piwinger, Zerfaß (Hrsg.), Handbuch Unternehmenskommunikation, Wiesbaden, 2007.

Pusler, Michael: Qualitäten der Werbewirkung: Medien- und Werbeträgerleistung jenseits von Reichweiten und GRP's, in: Urban, Thomas (Hrsg.): Multimedia Marketing, Eine Betrachtung aus wirtschaftlicher, psychologischer und technischer Sicht, S.43-65, Frankfurt, 2011.

Reynar, Angela, Shimmel, Howard, Subramanyam, Radha: Cross Platform Campaigns: Getting to a Smarter Mix in 2011, Yahoo!, Nielsen Study, 2010.

Rothstock, Karin: Tomorrow Focus Media, Mobile Effects2011 –wohin geht die mobile Reise?, 2011.

Rothstock, Karin: Tomorrow Focus Media, Category Effects – erhöhte Werbewirkung durch Umfeld-Platzierungen im TOMORROW FOCUS MEDIA Netzwerk, 2011.

Rothstock, Karin: Tomorrow Focus Media, The Digital Day –Mediennutzung 2011, 2010.

Rutschmann, Marc, Belz, Christian: Crossmedia-Optimierung – Leitmedium und Kundenprozesse, in: Belz, Christian (Hrsg.), Innovationen im Kundendialog, Reales Kundenverhalten und reales Marketing, Wiesbaden, 2011, S.199-222.

Safko, Lon, Brake, David, The Social Media Bible, Tactics, Tools & Strategies for Business Success, New Jersey, 2009.

Scharrer, Jürgen: Die Crossmedia-Connection, Kreativagenturen: Positionspapier „Hamburger Crossmedia Initiative" soll Debatte anstoßen / Kunden noch nicht richtig aufgestellt, in: HORIZONT 22/2011, 03.06.2011, S.20.

Schawel, Christian, Billing, Fabian: Top 100 Management Tools, Das wichtigste Buch eines Managers, 2., überarbeitete Auflage, Wiesbaden, 2009.

Schnakenburg, Dirk: Multi Channel Marketing, Konfliktmanagement in Marketingorganisationen von Konsumgüterherstellern, Diss., Leuphana Universität Lüneburg, 2011.

Schneider, Martin: Crossmedia-Management, Wiesbaden, 2007.

Schneller, Johannes: Zukunftstrends im Internet, Studie: Acta 2010, Institut für Demoskopie Allensbacher, München, 2010.

Schreiber, Petra: Sage mir, wie du lebst – Ich sage dir, was du liebst, Der Einfluss von Lebensstilen auf die Medien-Nutzung, Diss. LMU München, Marburg, 2007.

Schulz-Bruhdoel, Bechtel, Michael: Medienarbeit 2.0, Cross-Media-Lösungen, Das Praxisbuch für PR und Journalismus von morgen, Frankfurt am Main, 2009.

Schwarz, Torsten (Hrsg.): Leitfaden Dialog Marketing, Das kompakte Wissen der Branche, Waghäusel, 2008.

Schwarz, Torsten, Braun, Gabriele (Hrsg.): Leitfaden Integrierte Kommunikation, Wie das Web 2.0 das Marketing revolutioniert, Mit 36 Fallbeispielen aus der Praxis, Norderstedt, 2006.

Seemann, Wolfgang in: W&V, 14/2011, Schwerpunkt Mediaplanung, Am besten alles auf einmal, Wer gleichzeitig Radio hört und Internet surft, darf sich zu einer höchst interessanten Zielgruppe zählen, 7.04.2011, S.86-88.

SevenOne Media, http://www.sevenone-interactive.de/, Erscheinungsdatum: 02.11.2010, Abrufdatum: 28.05.2011.

Siegfried-Vögele Institut (Hrsg.): Mit Dialogmarketing zum Erfolg, Ein Praxisratgeber für den Mittelstand, Bonn, 2010.

Sonnenschein, Bettina: Report Direktmarketing, Wenn reden nicht mehr reicht, 21.04.2011, in: HORIZONT 16/2011, S.26.

SPIEGEL-Verlag (Hrsg.): Crossmedia Case Study, Hamburg, 2004.

Steinke, Arnold: Multichannel – Zielgruppen – Marketing, in: Schwarz, Torsten (Hrsg.): Leitfaden Dialog Marketing, Das kompakte Wissen der Branche, S.83-92, Waghäusel, 2008.

Stradtmann, Philipp, Kurt, Katharina: Crossmedia Monitor 2004, FCBi, Hamburg, 2004.

Thommes, Joachim: Report Direktmarketing, Es geht um Effizienz, in: HORIZONT 16/2011, 21.04.2011, S.25.

Tietz, Bruno (Hrsg.): Das Konzept des integrierten Kommunikations-Mix, in: Die Werbung, Handbuch der Kommunikations- und Werbewirtschaft, S.2265-2297, Landsberg/Lech, 1982.

TNS Emnid Medien-und Sozialforschung GmbH: Medien to go - was unterwegs ankommt, Studie zur mobilen Mediennutzung gestern, heute und morgen, 2010.

Unger, Fritz: Multiplikator-Effekte im Mediamix, Plädoyer für eine mehrkanalige Kommunikation, in: Forschung für die Marketingpraxis, Hamburg, 1993.

Unger, Fritz, Durante, Nadia-Vittoria, Gabrys, Enrico, Koch, Rüdiger, Wailersbacher, Rainer: Mediaplanung, Methodische Grundlagen und praktische Anwendungen, 5., aktualisierte und erweiterte Auflage, Heidelberg, 2007.

Unger, Fritz, Durante, Nadia-Vittoria, Gabrys, Enrico, Koch, Rüdiger, Wailersbacher, Rainer: Mediaplanung, Methodische Grundlagen und praktische Anwendungen, 4., aktualisierte Auflage, Heidelberg, 2002.

Unica Corporation (Hrsg.): The State of Marketing 2010, Unica's Global Survey of Marketers, Waltham, USA, 2010.

Van Eimeren Birgit, Frees, Beate: Der Internetnutzer 2009 – multimedial und total vernetzt? Ergebnisse der ARD/ZDF Online Studie 2009, in: MEDIA PERSPEKTIVEN 7/2009, S.334-348.

Wahl, Matthias: Die Zeit ist reif für echtes Crossmedia, in: media 41 journal für media&marketing, http://www.media41.de/content/die-zeit-ist-reif-fu%CC%88r-echtes-crossmedia, Erscheinungsdatum: o.A., Abrufdatum: 13.06.2011.

Webguerillas, http://www.webguerillas.de/usp/empfehlungsmarketing-wom-word-of-mouth-marketing-agentur/, Erscheinungsdatum: o.A., Abrufdatum: 07.07.2011.

Wegener, Sabine: „Eigentlich ist man schon als Kleinkind Konsumexperte" Interview mit Dr. Christian Scheier, Neuropsychologe, Markenexperte, http://www.markenlexikon.com/texte/promotionbusiness_interview_mit_scheier_6_Nov_200 7.pdf, Erscheinungsdatum: 06.2007 , Abrufdatum: 29.05.2011.

Wiedmann, Rainer: Crossmedia – Dialog über alle Medien, in: Schwarz, Torsten, Braun, Gabriele (Hrsg.): Leitfaden Integrierte Kommunikation, Wie das Web 2.0 das Marketing revolutioniert, Mit 36 Fallbeispielen aus der Praxis, Norderstedt, 2006, S.157-172.

Wilsberg, Klaus, Dialogmarketing im Zeitalter der Informationsgesellschaft, in: Schwarz, Torsten (Hrsg.): Leitfaden Dialog Marketing, Das kompakte Wissen der Branche, S.21-26, Waghäusel, 2008.

Winkler, Jan: Den richtigen Marketing-Mix wählen: Performance vs. TKP, in: iBusinessDossier Performance-Marketing, Jg. 4, April 2010, Ausgabe 1, München, 2010.
Wirtz, Bernd: Direktmarketing-Management, Grundlagen – Instrumente – Prozesse, 2. Auflage, Wiesbaden, 2009.

ZAK Kommission für Zulassung und Aufsicht der Landesmedienanstalten (Hrsg.): Digitalisierungsbericht 2010, Rundfunk im Zeichen des Internets, Strukturen und Akteure im Wandel, 2010.